Stephan Wahle

Noch manche Nacht wird fallen

Franziskanische Akzente

herausgegeben von Mirjam Schambeck sf und Cornelius Bohl ofm

Band 41

STEPHAN WAHLE

Noch manche Nacht wird fallen

LITURGIE IN KRISENZEITEN

echter

Herzlicher Dank geht an Elisabeth Herzog und Sandra Scholz für die sorgfältige Zuarbeit bei den Korrekturen, an Sebastian Pietsch für die inspirierenden Rückmeldungen zum Manuskript sowie an die Sponsorinnen dieses Bandes, die nicht genannt werden wollen.

Bibliografische Information der Deutschen Nationalbibliothek

Die Deutsche Nationalbibliothek verzeichnet diese Publikation in der Deutschen Nationalbibliografie; detaillierte bibliografische Daten sind im Internet über ‹http://dnb.d-nb.de› abrufbar.

1. Auflage 2024

www.echter.de

Umschlag: wunderlichundweigand.de

Innengestaltung: Crossmediabureau, Gerolzhofen
Druck und Bindung: Friedrich Pustet, Regensburg

ISBN
978-3-429-05983-5
978-3-429-06693-2 (PDF)
978-3-429-06694-9 (ePub)

Inhalt

Vorwort

Gegenwärtig scheint fast die ganze Welt von Krisen und Katastrophen heimgesucht zu werden; manche beschwören sogar „apokalyptische Zeiten" herauf. Die pandemische Unterbrechung des Weltgeschehens ist zwar irgendwie überwunden, dennoch leiden viele Menschen an Long-COVID und den Folgen der sozialen Isolation. Klimawandel, Umweltzerstörung, Ressourcenabbau und Rückgang der Artenvielfalt schreiten in ungebremstem Tempo voran. In vielen Ländern macht sich ein neuer Nationalismus breit, Rechtsextreme haben immensen Zulauf. Die demokratische Grundordnung und tradierte Wertvorstellungen stehen auf dem Prüfstand. Der gesellschaftliche Zusammenhalt ist in Gefahr. Hinzu kommen die vielen Kriege und Terrorakte. Hunger, Angst, Armut und Perspektivlosigkeit treiben Menschen in die Flucht, oft auf lebensbedrohlichen Wegen über unsichere Länder, in überfüllten Booten über das Mittelmeer, der Habgier raffsüchtiger Schleuser und korrupter Regierungen ausgesetzt. Hat das Böse über das Gute die Oberhand gewonnen? Ist der Kipppunkt der vielen Krisen schon längst zum Schlechteren überschritten?

Angesichts der globalen und multiplen Krisenphänomene stellt sich die Frage, wie wir damit umgehen können. Wo bekommen wir Kraft, um Krisen zu bekämpfen, Widrigkeiten auszuhalten und die Hoffnung zu stärken, dass wir dem allen nicht einfach ohnmächtig gegenüberstehen müssen? Was hat der christliche Glaube dazu anzubieten und ist er überhaupt noch eine Quelle, nach der Menschen fragen? Helfen Liturgien, Gottesdienste und kirchliche Rituale, Vertrauen zu schaffen, Hoffnung zu wecken und die Kraft zum Guten zu stärken? Ist Liturgie in der Krise überhaupt noch gefragt? Ganz offensichtlich lehrt Not nicht (mehr) beten. Wie kann der Glaube dennoch heute eine wichtige Ressource sein?

Im Zentrum einer christlichen Theologie wie auch in der Feier der Liturgie steht immer der Gekreuzigt-Auferweckte. Ein geschundener, von Krisen gebeutelter Mensch, den Christinnen und Christen als Gottes Sohn glauben. Die verschiedenen Konfessionen eint der Glaube, dass Jesus, dieser von Maria geborene Sohn aus einer jüdischen Familie, die Menschen aus allen Fängen des Todes, der Gewalt und der Verstrickungen herausgerissen hat. Es ist dieses Paradox, das das Christentum auszeichnet: der Glaube an die Erlösung in einer unerlösten Welt. Seit Augustinus (354–430), dem einflussreichsten Kirchenlehrer der westlichen Kirchen, dominiert ein Konzept von Erlösung, das auf Sündenvergebung – als Ausdruck für die tiefste Not der Menschen – und einer individuellen Aneignung des Heils fokussiert ist. Mit dieser Schwerpunktsetzung löste es gewissermaßen die jüdische Messiaserwartung ab, die auf der äußeren Sichtbarkeit der Erlösung, etwa eine Welt des Friedens, ohne Leid und Ungerechtigkeit, bestand. Allerdings hält auch das Christentum daran fest, dass die Erlösung in ihrer Vollendung noch aussteht. Müsste, so könnte heute jedoch gefragt werden, angesichts der Klimakrise nicht stärker eine christliche Theologie greifbar werden, die neben den Motiven von Sündenvergebung und Rechtfertigung auch oder sogar intensiver den Auftrag zur Bewahrung der Schöpfung wachhält – so wie es der Umweltapostel und Tierfreund Franz von Assisi (1181/82–1226) eingefordert und vorgelebt hat? Braucht es inmitten der menschlichen Tragödien nicht eine Neuauflage einer politischen Theologie und einer leidsensiblen liturgischen Sprache, die solidarisch ist mit den allzu vielen Opfern in den Abgründen des menschlichen Zusammenlebens? Ist der dramatische Abbruch von Glaubenspraxis und Gottesdienstkultur nicht auch darin begründet, dass viele Gottesdienste (v. a. die „normale“ Sonntagsmesse) in ihrer Text- und Ritengestalt jenseits der drängenden Fragen der Zeit gefeiert werden? Wie kann also Liturgie als Ort des Friedens, der Gerechtigkeit und der Solidarität wieder neu erfahrbar und existenziell wirksam werden? Die Relevanz und Akzeptanz der sogenannten „Gottesdienste des zweiten Programms“, also der vielfältigen, niederschwelligen, diakonischen Gottesdienstformen in der Mitte des persönlichen oder gesellschaftlichen Zusammenlebens, kann ein Indiz dafür sein, dass hier die Lebensrelevanz von Liturgie anscheinend unmittelbarer ist als in den theologisch und soteriologisch aufgeladenen Hochliturgien. Wie kommt das?

1. „Noch manche Nacht wird fallen auf Menschenleid und -schuld" – Eine Welt im Krisenmodus

Es ist die Auferstehungserfahrung der Frauen am leeren Grab in der Frühe des Ostermorgens, „als eben die Sonne aufging“ (Mk 16,2), die zum Kern der christlichen Hoffnungsbotschaft werden sollte. Dieser lichte Ostermorgen wird jedes Jahr erneut beschworen, wenn eine Gemeinde in der Osternacht in die dunkle Kirche einzieht und zum Ruf „Lumen Christi“ freudig einstimmt: „Deo Gratias“ – „Gott sei Dank“! Christinnen und Christen sind Menschen des Tages, nicht der Nacht. Und doch finden die beiden großen Liturgien des Jahres in der Nacht statt: an Ostern wie an Weihnachten. Es ist dieser Durchbruch, von dem das Christentum seine Kraft speist: Mit Christus ist die Nacht und all das, was mit dieser Metapher verbunden wird, das Leid, die Angst, die Schuld, der Tod, im Schwinden. All das gibt es weiterhin, doch für gläubige Menschen besteht kein Grund mehr zu verzweifeln, sondern voller Freude und Zuversicht zu leben.

Von der Erfahrung der Nacht erzählt auch der evangelische Theologe, Schriftsteller und Journalist Jochen Klepper (1903 1942) in seinem Lied *Die Nacht ist vorgedrungen* (Gotteslob Nr. 220). Es ist ein untypisches Weihnachtslied, das jede süßliche Stimmung vermissen lässt. Es ist ein Lied voller Vertrauen und Erwartungen, voller Gewissheit und Zuversicht – aber es kennt auch das Dunkle, das Bedrängende und Bedrohliche im alltäglichen Leben, so in der vierten Strophe:

„Noch manche Nacht wird fallen
auf Menschenleid und -schuld.
Doch wandert nun mit allen
der Stern der Gotteshuld.
Beglänzt von seinem Lichte,
hält euch kein Dunkel mehr;
von Gottes Angesichte
kam euch die Rettung her.“

Für Klepper wurden die dunklen Mächte zu einer bitterernsten Realität. Von den Nationalsozialisten drangsaliert, ausgegrenzt und mit Schreibverbot bestraft, weil er mit einer jüdischen, zum Christentum konvertierten Frau verheiratet war, nahm er sich das Leben. Es ist auch sein persönliches „Menschenleid“, das jedes Mal erklingt, wenn sein ernstes Weihnachtslied den Menschen in den Nächten von heute Trost bieten will.

„Friede den Menschen auf Erden“: Leben und beten in Kriegszeiten

Seit dem Angriffskrieg Russlands auf die Ukraine ist das europäische Sicherheitsgefühl massiv gestört. Lange schien es so, als ob es in Europa keine Kriege mehr geben würde. Für eine gewisse Zeit näherten sich die sogenannten Supermächte des Westens und des Ostens an. Nach dem Ende des Kalten Krieges, nach dem Fall des Eisernen Vorhangs und der Berliner Mauer schien der Traum einer friedvollen europäischen Gemeinschaft, ja sogar der Traum einer in versöhnter Verschiedenheit verbundenen Weltgemeinschaft greifbar nahe zu sein. 2011 wurde in Deutschland die allgemeine Wehrpflicht, also die gesetzliche Pflicht männlicher deutscher Staatsbürger zur Ableistung von Wehrdienst in den Streitkräften, ausgesetzt und auf den Spannungs- oder Verteidigungsfall beschränkt. Spätestens seit dem Angriffskrieg Russlands gegen die Ukraine wird dieser Beschluss des Deutschen Bundestages heftig kritisiert. Bundesverteidigungsminister Boris Pistorius bezeichnet ihn als Fehler und plädiert für die Einführung einer allgemeinen Wehr- und Dienstpflicht. Mit einer dauerhaften Stationierung einer ganzen Brigade der Bundeswehr in Litauen an der Grenze zu Russland ist ein Präzedenzfall geschaffen, der die ernste weltpolitische Lage eindrücklich vor Augen führt.

Nicht erst der Ukrainekrieg steht für eine Wende der geopolitischen Verhältnisse. Bereits 2014 annektierte völkerrechtswidrig das von Wladimir Putin pseudodemokratisch und autoritär regierte Russland die zur Ukraine gehörige Halbinsel Krim. 2008 führte Russland einen 5-Tage-Krieg gegen Georgien um die abtrünnigen Provinzen Südossetien und Abchasien. Mit Transnistrien, einer abtrünnigen Teilrepublik der Republik Moldau, schwelt ein weiterer Konflikt mit einem Nachbarstaat. Es ist nicht abzusehen, ob und wieweit die russische Expansionspolitik auch auf Moldau, die baltischen Staaten und weitere Anrainerstaaten ausgedehnt werden wird.

Nicht nur in Europa herrscht Krieg. Mit dem Terrorangriff der palästinensischen radikalislamischen Hamas vom 7. Oktober 2023 auf Israel – am 50. Jahrestag des Jom-Kippur-Krieges (1973) – hat die Spirale der Gewalt im Nahen Osten einen neuen Höhepunkt erreicht. Noch nie in der Geschichte des Staates Israel seit der Shoah wurden so viele Jüdinnen und Juden getötet und als Geiseln verschleppt wie bei diesem Hamas-Überfall. In der langen Geschichte des blutigen Konflikts zwischen Israelis und Palästinensern scheint es derzeit keine Perspektive auf Frieden und Versöhnung zu geben. Die Realisierung der sogenannten Zweistaatenlösung ist in weite Ferne gerückt. Die Folgen der Eskalierung sind weitreichend. Der gesamte Nahe Osten, vor allem die Interventionen des Irans, können zu einem Flächenbrand werden. Den Hass auf den Staat Israel spüren Jüdinnen und Juden weltweit, selbst wenn sie sich von der radikalreligiösen Netanjahu-Regierung distanzieren. Auch in Deutschland herrscht eine erhöhte Sicherheit an den Synagogen. Tausende protestieren gegen den Staat Israel; bei propalästinensischen Demonstrationen am Berliner Neptunbrunnen herrschen chaotische Verhältnisse. Zwischen die friedfertigen Demonstrantinnen und Demonstranten mischen sich radikale Gruppen von rechts und links, von Islamisten und Verschwörungstheoretikern. Es herrscht eine aggressive Stimmung, die in einem demokratischen Rechtsstaat mehr als verstörend ist, ja schlichtweg nicht hingenommen werden darf. Sie schürt Angst und Misstrauen. Das hohe Gut der Meinungsfreiheit wird missbraucht und ad absurdum geführt. Viele andere Kriegsgebiete und Krisenherde weltweit werden bei dem Fokus auf Israel viel zu oft vergessen: der zweite Bürgerkrieg in Äthiopien, der Drogenkrieg in Mexiko, der Bürgerkrieg in Myanmar, der Krieg im Sudan und nicht zuletzt die schon lang andauernden Kriege und Konflikte in Afghanistan, Somalia, Kolumbien, Nigeria, Syrien, Mali, Mosambik, Haiti, im Jemen, im Kongo, in der Zentralafrikanischen Republik.

Was hätte Franz von Assisi, der Friedensstifter und Dialogpartner des ägyptischen Sultans Malik al-Kamil (um

1176 oder 1180–1238), gesagt? Franz war jedes abwertende Wort über andere Religionen und jede Form aggressiver Missionierung fremd. Er wusste, dass Gott nichts mit Gewalt zu tun hat, dass aber die Wahrheit auch beim Namen genannt werden muss.

Und was tun wir? Auch heute gibt es Menschen, die Franz' Überzeugung teilen. Sie setzen sich bewusst und aktiv gegen aggressive Missionierung, für Meinungsfreiheit und den Schutz von Menschenrechten ein. Die Menschen gehen auf die Straßen. Sie verurteilen den russischen Angriffskrieg, den Terrorakt der Hamas, die massiven Gegenangriffe Israels auf den Gazastreifen und demonstrieren für einen gerechten Frieden. Sie fordern ein Ende der Gewaltspirale. Sie organisieren humanitäre Hilfen zur Verbesserung der prekären, aussichtslosen Lage der Zivilbevölkerung in den Kriegsgebieten. Viele Menschen versammeln sich zu Friedensgebeten, nicht nur in den Kirchen, auch auf Marktplätzen, in Schulen und Stadien. Bei diesen Friedensgebeten wirken die Kirchengemeinden mit. Ökumenische und interreligiöse Feiern setzen ein starkes Zeichen für die Versöhnung der Völker, für ein friedvolles Miteinander von Kulturen und Religionen. Sie geben Kraft für das eigene Handeln und empfehlen die vielen Opfer dem Gedächtnis Gottes an.

Aber es sind nicht nur die großen Friedensgebete oder Massenkundgebungen, mit denen sich Menschen gegen das Gefühl der Ohnmacht wenden. In einer alten Kreuzwegkapelle im sauerländischen Winterberg brennen jeden Tag unzählige Lichter. Spaziergängerinnen und Spaziergänger, die des Weges kommen, entzünden Kerzen in ihren persönlichen Anliegen. Diese Kapelle ist ein kleiner Friedensort geworden, eine stille, unaufdringliche Mahnerin um Frieden und Versöhnung. An jedem Tag wird sie von einer 90-jährigen Frau morgens auf- und abends abgeschlossen. Die Tür steht für alle offen – für alle, die hier auf einfache, schlichte, meist unbewusste Weise jene Weihnachtsbotschaft der Engel wachhalten: „Ehre sei Gott in der Höhe und Friede auf Erden den Menschen seines Wohlgefallens" (Lk 2,14). Eine Kerze, ein Gebet, eine Opfergabe – stille Zeichen der Solidarität und des Friedens inmitten einer friedlosen Welt.

„Vater unser im Himmel": Erinnerungskultur in Zeiten von Nationalismus und Antisemitismus

Ein Grund für die vielen Kriege und Konflikte ist der zunehmende Nationalismus, geschürt durch ein generelles Misstrauen zu Menschen ausländischer Herkunft, vor allem zu den vielen Migrantinnen und Migranten, die oftmals ihr Leben riskieren, um in Freiheit leben zu können. Das Ringen um den Begriff „Rasse" im deutschen Grundgesetz zeigt exemplarisch die Komplexität des Phänomens. Aus wissenschaftlicher Sicht besteht kein Zweifel: Menschenrassen gibt es nicht. Was es aber gibt, sind rassistische Anfeindungen, Verleumdungen und Diskriminierungen – wenn in einem Zug die Polizei nur von einer einzigen Familie mit dunkler Hautfarbe die Ausweispapiere verlangt. Diese Vorgehensweise ist gesetzlich verboten und doch gibt es sie. Und die meisten Menschen schauen einfach weg.

Es sei dahingestellt, ob mit einer Ersetzung des Begriffs „Rasse" durch den Begriff „rassistische Zuschreibungen", so wie jüngst in der Landesverfassung des Saarlandes, potenziellen Diskriminierungen vorgebeugt werden können. Kein Geringerer als der Präsident des Zentralrates der Juden in Deutschland (ZdJ), Josef Schuster (*1954), hat sich gegen eine Streichung des Begriffs aus Artikel 3 des Grundgesetzes ausgesprochen. Nach seiner Ansicht haben die Mütter und Väter des Grundgesetzes diesen vom Nationalsozialismus geprägten Begriff bewusst beibehalten, um gerade mit ihm an die Verfolgung und den Mord von Millionen von Menschen, insbesondere Jüdinnen und Juden, zu erinnern. Wer den Begriff aus dem Grundgesetz und den Landesverfassungen streicht, so Schuster, streicht ihn auch aus der Erinnerungskultur der deutschen Gesellschaft. Nur ist es ja die tradierte Form deutscher bzw. europäischer Erinnerungskultur, die durch nationalistisch gesinnte Gruppierungen und Parteien unter massivem Legitimationsdruck steht.

Die Kulturwissenschaftlerin Aleida Assmann (*1947) spricht von einem neuen Unbehagen und einem Wendepunkt gegenwärtiger Erinnerungskultur, bedingt durch den Tod der letzten Zeitzeuginnen und Zeitzeugen des Zweiten Weltkrieges und der Shoah sowie den Verlust der Deutungshoheit der 68er-Generation über die neuen Erinnerungsformen. Hinzu kommen weitere Faktoren: die zunehmende Mediatisierung und Digitalisierung von Erinnerung, die durch Migration veränderte Zusammensetzung der deutschen Gesellschaft, das massive Wiedererstarken von Antisemitismus und Antijudaismus.

Auch religiöse Erinnerungskultur ist von diesem Wandel betroffen. Besonders offensichtlich wird dies am Stellenwert der sogenannten Theologie nach Auschwitz. Während von Persönlichkeiten wie Elie Wiesel (1928–2016) oder Johann Baptist Metz (1928–2019) weitreichende Impulse einer Neuen Politischen Theologie ausgingen, blieben langfristige theologische Umbauprozesse aus. Vielmehr entzündet sich an den von Metz geprägten Begriffen wie „Compassion“ oder „anamnetische Solidarität“ mit den Leidenden ein neues Unbehagen, auch aus jüdischer Perspektive, wenn darunter eine sich mit dem Opfer *identifizierende* Erinnerung verstanden wird. Was aber Metz forderte, war keine Totalidentifikation mit den Opfern; er erhob vielmehr den ethischen Anspruch „Nie wieder Auschwitz!“. In diesem Sinn ist der Leitsatz einer opfer*zentrierten* Erinnerung zu verstehen, das bedeutet: Über Auschwitz hinaus kommen Christinnen und Christen nicht mehr allein, sondern nur noch *mit* den Opfern von Auschwitz. Genau dieser Geschichtsimperativ scheint derzeit verblasst zu sein. Ob Auschwitz zudem eine theologische und gesellschaftliche Zäsur war, muss bezweifelt werden.

Hinzu kommt die soziologische Beobachtung, dass die Geschichte immer weniger als Deutungsfolie für gegenwärtiges Erleben zur Verfügung steht. Geschichte im Sinne eines linearen Prozesses der Weitergabe von Erfahrungen ist selbst zum Problem geworden. Für den eigenen Lebensentwurf ist die Gegenwart entscheidend, das Hier und Jetzt, das immer anders und deshalb auch immer wieder neu zu deuten und zu verstehen ist. Und diese Deutung der Gegenwart geschieht immer seltener mit überlieferten Erfahrungen und erinnerten Erzählungen früherer und damit auch fremder Generationen.

Für die Feier der Liturgie hat diese Gesellschaftsanalyse weitgehende Konsequenzen, vor allem im Hinblick auf die Relevanz kontingenter Glaubenstraditionen für die rituell vermittelte Deutung von Leben und Welt sowie für das Generieren neuer, ereignisbasierter Erfahrungen. Anders gesagt: Es geht um die existenzielle Relevanz von Anamnese bzw. Vergegenwärtigung von Heilsgeschichte, also von Lebenserfahrungen früherer und fremder Menschen im Heute menschlicher Lebenswelt. Dies geschieht aber, wenn auf der Basis überlieferter Texte gebetet wird, die selbst schon nationale Grenzen überschreiten. Ein Beispiel ist das Vaterunser – ein durch und durch in jüdischer Frömmigkeit geprägtes Gebet.

Das Vaterunser ist – wie auch Jesu Verkündigung – ein unpolitisches Gebet. Es geht vor allem um Beziehung – um die einzigartige Beziehung Jesu zu Gott, seinem Vater. In diese Vater-Sohn-Beziehung nimmt er die Jüngerinnen und Jünger damals und die Christinnen und Christen heute mit hinein und macht sie zu Kindern Gottes. So deutet es auch Franz von Assisi in seinen Meditationen zum Vaterunser (vgl. Vat, FQ 31f). Und es geht um Beziehung zum Nächsten im Alltag des Miteinanders, in dem niemand hungern muss und niemandem die Vergebung verwehrt wird. Wie sehr doch dieses schlichte Gebet die zerrissene Menschheit in der Bitte um das tägliche Brot und die Vergebung der Schuld einen könnte? Dann wäre das Vaterunser implizit doch ein hochpolitisches Gebet, ein Gebet gegen den Hunger in dieser Welt, gegen die Egozentrik der Wohlhabenden, gegen Nationalismus und Antisemitismus.

„Gepriesen bist Du, Schöpfer der Welt": Vom Lobpreis auf die Schöpfung in Zeiten des Klimawandels

Eine weitere, wenn nicht sogar *die* Krise schlechthin ist die Klimakrise. Allen Skeptiker:innen zum Trotz: Der Klimawandel zeigt sich jedes Jahr mit größer werdender Dramatik, an den Polen, im Globalen Süden wie auch in den gemäßigten Breiten Kontinentaleuropas. Fast jedes Jahr werden im Sommer neue Hitzerekorde verzeichnet, während die Winter kaum noch solche sind. Der Wald leidet unter langanhaltenden Trockenperioden, einst fruchtbare Böden verdorren, die Biodiversität ist massiv gefährdet. Fast gleichzeitig führen Extremwetterlagen zu Hochwasserkatastrophen, Missernten und der Verwüstung ganzer Landschaften. Die Erderwärmung verursacht einen steigenden Meeresspiegel, der Permafrost taut auf, die Gletscher schmelzen, Dürren und Stürme verursachen extreme Migration, neue Infektionskrankheiten breiten sich aus. Können die Kirchen angesichts der andrängenden Klimakatastrophe noch einen ungebrochenen Lobpreis auf Gottes gute, vom Menschen jedoch zerstörte Schöpfung anstimmen? Wo bleibt die Klage über einen Lebensstil, der die Lebensgrundlagen zerstört, wo bleibt das Eingeständnis von Schuld und Versagen? Wie wird sich die tradierte Liturgie weiterentwickeln (müssen), in der sich in das Staunen über Gottes Schöpfung die Klage über den menschlichen Missbrauch der anvertrauten Welt mischt, ohne jedoch zu einer „ökologischen Lehrstunde" zu werden?

Ein Vorbild könnte der Sonnengesang des Franz von Assisi sein, vor 800 Jahren (1224–1226) verfasst (vgl. Sonn,

FQ 40f). Im Lobpreis auf Gott, den Höchsten, ist die gesamte natürliche Schöpfung geschwisterlich vereint: „Bruder Sonne“ mit „Schwester Mond und den Sternen“, „Bruder Wind“ mit „Schwester Wasser“, „Bruder Feuer“ mit „Schwester, Mutter Erde“, aber auch die Menschen, vor allem diejenigen, die Leid ertragen, und die Friedenstiftenden, und schließlich die „Schwester, der leibliche Tod“. Dabei ist es die Schöpfung und nicht der Mensch, durch die Gott gelobt wird – daher das eigenartige Passiv des Rufes „Laudato si'“. Der Mensch steht nicht über der Schöpfung, ganz im Gegenteil. Er ordnet sich ihr unter. Einzig Gott hat – in franziskanischer Lesart – das erste und das letzte Wort. Und wie müsste der Sonnengesang angesichts des Klimawandels fortgeschrieben werden?

Ein Beispiel: Im Sommer 2023 fand auf der Zugspitze (2.962 m ü. NHN), dem höchsten Berg Deutschlands, eine Art „Trauerfeier“ für den Nördlichen Schneeferner-Gletscher statt. An einem symbolträchtigen Ort und in Deutschlands höchstgelegener Kirche sollte unter dem Leitwort „Ich hebe meine Augen auf zu den Bergen: Woher kommt mir Hilfe?“ (Ps 121,1) für den Erhalt der Schöpfung und der Lebensräume gebetet werden. Wie bei einer klassischen Begräbnisfeier formierte sich unter Glockengeläut eine Prozession zur Zunge des Gletschers: An der Spitze ein Kreuz mit geschnitztem Totenschädel und Weihrauch, sodann die kleine Schar Menschen und viele Presseleute. Die *Frankfurter Allgemeine Zeitung* wie auch die Veranstaltenden selbst bezeichneten den Ritus mit Fürbittgebet, Weihwasser, Weihrauch und Kreuz (also den tradierten Riten am Grab) als „Aussegnung“, die leitenden Kirchenleute als „Trauerbegleitung“. Neben der Bewusstseinsbildung sollte mit dieser Trauerfeier den vom

Klimawandel betroffenen Menschen Trost und Hoffnung gespendet werden.

Es versteht sich fast von selbst, dass sich in die breite mediale, zumeist positive Resonanz auch sehr kritische Stimmen gemischt haben. Soll die Kirche dem Klimawandel wirklich in Form eines Requiems begegnen? Wird hier nicht ein kirchliches Ritual für den emotionalisierenden Klimaaktivismus missbraucht? Papst Franziskus (*1936) hat in seiner Enzyklika *Laudato si'. Über die Sorge für das gemeinsame Haus* (2015) jedoch daran erinnert, wie eng die christliche Aufmerksamkeit für die Ärmsten und Einsamsten mit einer Aufmerksamkeit gegenüber der Schöpfung Gottes verwoben ist. Der Papst verweist auf seinen Namenspatron, den heiligen Franz von Assisi: „An ihm wird man gewahr, bis zu welchem Punkt die Sorge um die Natur, die Gerechtigkeit gegenüber den Armen, das Engagement für die Gesellschaft und der innere Friede untrennbar miteinander verbunden sind" (LS 10).

Der Mensch lebt nicht nur in Beziehung mit Gott und dem Nächsten, sondern auch in Beziehung zur Erde, gegenüber der er von Gott her verantwortlich ist. Die Bibel kennt keinen „despotischen Anthropozentrismus" (LS 68). Wenn der Lobpreis die angemessene Reaktion des Menschen auf die Schöpfung als Ort und Abglanz der Schönheit und Güte Gottes darstellt, dann müssen sich in diese Haltung auch die Klage und die Trauer über die Zerstörung der Schöpfung mischen, eben weil ein ungebrochenes, naives Staunen über die Natur die faktische Zerstörung der Natur ignoriert. In diesem Sinn ruft der Papst alle Menschen mit folgenden Worten zum „Gebet für die Erde" auf:

„Allmächtiger Gott,
der du in der Weite des Alls gegenwärtig bist
und im kleinsten deiner Geschöpfe,
der du alles, was existiert,
mit deiner Zärtlichkeit umschließt,
gieße uns die Kraft deiner Liebe ein,
damit wir das Leben und die Schönheit hüten …
Lehre uns,
den Wert von allen Dingen zu entdecken
und voll Bewunderung zu betrachten;
zu erkennen, dass wir zutiefst verbunden sind
mit allen Geschöpfen
auf unserem Weg zu deinem unendlichen Licht.
Danke, dass du alle Tage bei uns bist.
Ermutige und bitte in unserem Kampf
für Gerechtigkeit, Liebe und Frieden."

(LS 246)

Aus der Pflicht gegenüber Gott und den Menschen erwächst die Pflicht zu einem sozial-ökologisch nachhaltigen Lebensstil. Die Liturgie kann in diesem Sinne ein herausragender Ort sein, wo ein solcher Lebensstil nicht nur angemahnt, sondern realisiert wird, auch und nicht zuletzt im Gebet zu jenem Gott, der das Leben aller Geschöpfe will und nicht den Tod.

„Die Gemeinde versammelt sich": Liturgie in Zeiten der Kirchenkrise

Und schließlich die Kirchenkrise. Es ist fast keine Nachrichtenmeldung mehr wert: Der Sonntagsgottesdienst als der Ort, an dem sich eine christliche Gemeinde zur gemeinsamen Feier der Gegenwart Jesu Christi versammelt, ist seit Jahrzehnten in der Krise. Mittlerweile versammeln sich am Sonntag oft mehr Menschen zu Hause vor den Fernsehern, Radios und digitalen Medien zu einem Gottesdienst als im heimischen Kirchenraum. Die Bankreihen werden immer leerer, der Gesang schwächer, das Gemeinschaftsgefühl hohler. Es gibt Ausnahmen, keine Frage. Besondere Gottesdienste im Jahresverlauf etwa, immer noch Weihnachten sowie Kasualien wie Taufe, Erstkommunion/Konfirmation und Begräbnis sowie spezielle Familiengottesdienste und musikalisch ausgezeichnete Feiern. Auch neue Rituale auf der „Schwelle zur Liturgie" entstehen, denen ein größerer Zuspruch bescheinigt werden kann: Segensfeiern für Verliebte, Gottesdienste zur Einschulung, religiöse Feiern nach Katastrophen, Lobpreisabende, Zeltgottesdienste, Taizégebete. Die Liste lässt sich leicht und weit ergänzen. Und doch können diese „Gottesdienste des zweiten Programms" nicht über die lähmende Leere und den Bedeutungsverlust von Gemeindeliturgie hinwegtäuschen.

Wie soll sich auch das liturgische Leben erholen, wenn man die vielen negativen Vorzeichen bedenkt: die fortschreitende Säkularisierung, der Glaubwürdigkeitsverlust der Institution Kirche, die Missbrauchsskandale, die hierarchischen Verzerrungen. Zur Standortbestimmung von Liturgie heute gehört schließlich das schlichte Eingeständnis, dass die „konstantinische Formation des Christentums" (Jan Loffeld, *1975), also die Übereinstimmung von Kultur und Glauben, zu Ende ist. Für die meisten Menschen spielen Liturgie und Religion für das eigene Leben keine Rolle.

Gleichwohl jede Kultur und Gesellschaft einem steten Wandel unterzogen sind, beurteilt Renate Köcher (*1952), Geschäftsführerin des Instituts für Demoskopie Allensbach (IfD), die gegenwärtigen Umbrüche als besonders dynamisch und umwälzend. Sie schreibt:

> „Die heutige Zeit ist von besonders umfassenden und tiefgreifenden Veränderungen geprägt, sowohl strukturell als auch in Bezug auf die Auswirkungen technologischer Innovationen, das Kommunikations- und Informationsverhalten, das gesellschaftliche Klima, Lebensstile, die Beziehungen zwischen den Generationen, Wertvorstellungen und religiöse Bindungen."[1]

Jenseits der stetigen Abnahme nomineller Zugehörigkeit wiegt nach den Erkenntnissen der Demoskopie das sehr geringe Vertrauen in die Kirchen ungleich schwerer. Dass die Kirchen und der christliche Glaube zur Förderung erstrebenswerter Werte wie Solidarität, Hilfsbereitschaft, Rücksichtnahme auf Schwächere, Nachhaltigkeit usw., also vermeintlich urchristlicher Wertvorstellungen und Handlungsweisen, beitragen können, wird nur von einem sehr kleinen Teil der Befragten erwartet. Die meisten reagieren auf Religion und Kirche mit Gleichgültigkeit.

Verstärkt wird das mangelnde Vertrauen durch eine zunehmende Divergenz zwischen kirchlicher Verfasstheit und kultureller Entwicklung. Dies zeigt sich insbesondere bei den massiven Veränderungen der Stellung der Frauen in Wirtschaft und Gesellschaft, bei der zunehmend ablehnenden Haltung der Bevölkerung gegenüber Hierarchien oder bei dem Bedeutungswandel von Ehrenamt und Alltagsgewohnheiten. Ein nahezu kategorischer Ausschluss von Frauen von leitenden Ämtern, wie er in der katholischen Kirche im Hinblick auf das dreigliedrige Weiheamt der Fall ist, lässt sich kaum noch vermitteln.

Die Beschleunigung, Flexibilisierung und Digitalisierung von Arbeit und Freizeit gehen mit einer Enthabitualisierung religiöser Praxis einher, die sich negativ auf das regelmäßige Gemeinschaftserlebnis im Gemeindegottesdienst auswirkt. Hinzu kommen signifikante Verschiebungen im Interessensspektrum besonders der jüngeren Menschen. Die digitale Dauerpräsenz an Informationen bewirkt ein selektives und zurückgehendes Interesse an Wirtschaft, Wissenschaft, Literatur und Kunst. Ebenso interessiert sich nur eine kleine Minderheit der unter 30-Jährigen im Internet für kirchliche Themen, Glaubensbotschaften und Sinnfragen, ganz im Gegensatz zu ethischen, sozialen und ökologischen Themen. Auch wenn neue geistliche Gemeinschaften oder Freikirchen durchaus auf einige junge Menschen anziehend wirken, die Gleichgültigkeit in religiösen Fragen ist bei immer mehr Menschen aller Altersstufen zum bleibenden Normalfall geworden. Religion wird sicherlich nicht verschwinden, doch ihre Form wird in Zukunft eine ganze andere sein.

Im Klima einer durch Machtmissbrauch diskreditierten Kirche wiegen diese faktischen Entwicklungen umso schwerer und fordern ein neues Erscheinungsbild einer Liturgie, das nicht Hierarchie und Gehorsam, sondern Beteiligung und geteilte Verantwortung zur Darstellung bringt. Das Zweite Vatikanische Konzil (1962–65) hat mit seiner Volk-Gottes-Theologie einen Perspektivwechsel vollzogen, der zu einer Neubewertung der Gemeinde, also der Liturgie feiernden Menschen, als handelndes Subjekt geführt hat. Die ganze Gemeinde, nicht der zelebrierende

Priester, trägt den Gottesdienst. Und doch klafft bis heute ein eklatanter Widerspruch zwischen Anspruch und Wirklichkeit. Noch immer ist es für den Großteil der Gottesdienste der Priester allein, ggfs. noch im Zusammenspiel mit der Organistin oder dem Organisten, der für die Vorbereitung und Gestaltung eines Gottesdienstes verantwortlich ist. An diesem Faktum ändert das Vorhandensein einzelner liturgischer Dienste kaum etwas.

So genügt es nicht (mehr), entsprechend den normativen Vorgaben, in theologisch nachvollziehbaren Konzepten und gut gemeinten Absichten, aber unter Absehung der rezeptionsästhetischen Wirkung, liturgisch zu handeln. Im Ringen um eine synodale Kirche schwingt auch das Bemühen um eine Liturgie in geteilter Verantwortung mit. Dem offensichtlichen Desinteresse am Erhalt der Institution Kirche (einschließlich ihrer Liturgie) kann nur durch eine größere, echte und offene Partizipation begegnet werden.

Derweilen gehen die Gesprächsprozesse um Macht und Gewaltenteilung in der Kirche, um die Rolle und das Selbstverständnis des Priesters, um Frauen in den Diensten und Ämtern der Kirche sowie um ein neues Verhältnis der Kirche zu Sexualität und Partnerschaft mit römischen Interventionen und innerkirchlichen Konfrontationen äußerst mühsam, fast in einer Endlosschleife, weiter. Es tröstet das Vertrauen in einen Gott, der selbst im Dunkel seiner Gemeinde wohnen will und das Dunkel auch dort erhellt hat.

2. „Gott will im Dunkel wohnen und hat es doch erhellt" – Vom nahen und fernen Gott

Kleppers Weihnachtslied *Die Nacht ist vorgedrungen* lebt von der starken Glaubenszuversicht seines Autors, jedoch ohne jeden theologischen Höhenflug oder naiven Glaubenstriumphalismus. In seinem Tagebuch offenbart er für den 7. Dezember 1937, wenige Tage vor der Abfassung des Liedes, seine Gemütslage:

> „Der Gang zum Briefkasten draußen kommt mir immer härter an. – Nur von der Kirche her bleibt alles noch erträglich; nur weil meine Arbeit im Hinblick auf sie geschieht. Von der Politik und Literatur ist nun für mich alles unerträglich geworden. Todmüde. [ ] Es geschieht Hannis wegen [Kleppers Frau]. Ich glaube nicht an Aktionen. Gott will im Dunkel wohnen, und das Dunkel kann nur durchstoßen werden durchs Gebet."[2]

Den Glauben an die Nähe Gottes gibt es nicht ohne die Erfahrung der Ferne Gottes, denn Gottes Gegenwart ist gerade nicht dort zu verorten, wo alles perfekt, geordnet und harmonisch ist. Klepper zitiert hier – wie auch zu Beginn der fünften Strophe seines Liedes – einen Vers aus dem 1. Buch der Könige. Im achten Kapitel wird beschrieben, wie selbst im Jerusalemer Tempel, in dessen Innerstes die Priester die Bundeslade brachten, Gottes Gegenwart den menschlichen Blicken entzogen bleibt. In der Dunkelheit des Allerheiligsten scheint der Thron unter den Flügeln der Cherubim leer zu sein, obwohl Gott doch genau in diesem Dunkel anzutreffen ist – also genau dort, wo er vermisst wird, wo er angerufen oder sogar angeklagt wird. Etwa mit der fünften Strophe von Kleppers Weihnachtslied:

„Gott will im Dunkel wohnen
und hat es doch erhellt.
Als wollte er belohnen,
so richtet er die Welt.
Der sich den Erdkreis baute,
der lässt den Sünder nicht.
Wer hier dem Sohn vertraute,
kommt dort aus dem Gericht.“

Ungewissheit: Von der (Un-)Möglichkeit, an Gott zu glauben und Gott zu feiern

In einem Gottesdienst kann man vieles in Frage stellen, nur eins gewiss nicht: dass Gott existiert. In einer Präfation, der danksagenden Einleitung in das eucharistische Hochgebet, heißt es:

„Denn in dir leben wir,
in dir bewegen wir uns
und sind wir.
Jeden Tag erfahren wir aufs Neue
das Wirken deiner Güte …“ (Messbuch 408)

Aus diesem Gebet spricht die sichere Gewissheit, dass Gottes Gegenwart als liebevolle Zuwendung an jedem Tag immer wieder neu ergriffen werden kann. Als vom Heiligen

Geist erfülltes Wesen kann der glaubende Mensch gewiss sein, dass sein Leben nicht vergeblich ist, dass ihm die österliche Zusage gilt: Auch derjenige, der gestorben ist, wird leben. Dafür gilt es, gemeinschaftlich Dank zu sagen, das ist der innerste Grund für die sonntägliche Versammlung der Eucharistie oder der Wort-Gottes-Feier. Vor aller persönlichen Danksagung oder Bitte um dies oder das steht die Zusage des Glaubens, dass Gott immer schon zum Heil der Menschen gehandelt hat, letztgültig in Jesus Christus, seinem einzigen Sohn, in dem sich Gottes grenzenlose Liebe geoffenbart hat: eine Liebe, die über den irdischen Tod hinaus gilt und Leben schenkt in Ewigkeit.

Nur: Im Gegensatz zu den alten liturgischen Texten und Riten zeichnet sich die (Post-)Moderne – so schwierig die Redeweise von der Moderne oder Postmoderne gewiss ist – durch das Ende von letztgültigen Gewissheiten und sicher geglaubten Hoffnungen aus. „Einstmalige Selbstverständlichkeiten, selbst die, dass ein Gott existiert, sind nicht mehr selbstverständlich“[3], so bringt es der Freiburger Theologe Magnus Striet (*1964) unmissverständlich auf den Punkt. Kennzeichen von Modernität ist Ungewissheit. Auch die einst machtvolle Gottespräsenz ist davon nicht ausgenommen, auch Gott steht unter einem beträchtlichen Legitimationszwang. So ist der Zweifel oder die Unfähigkeit des Menschen, nicht mehr wie in früheren Zeiten selbstverständlich und mit dem Anspruch auf Gewissheit an Gott zu glauben und in diesem Sinne Gottesdienst feiern zu können, nicht der Grund für die (post-)moderne Religions- und speziell Kirchenkrise, sondern ein unhintergehbares Phänomen der reflexiven Moderne, in der faktisch das Individuum und demnach individuelles Erleben über den Gottglauben entscheidet.

Glaube ist primär und vor allem ein Glaubensakt (*fides qua creditur*), das heißt eine ganz individuelle und persönliche Vertrauensbeziehung. Die Inhalte des Glaubens (*fides quae creditur*) – etwa der Glaube an einen personalen Gott, an die Menschwerdung Jesu Christi, an die Erlösung durch Kreuz und Auferstehung, an das Fortwirken des Geistes in der Welt bis zur Wiederkunft Christi – bilden Deutekategorien für diesen persönlichen Glaubensakt. Was auf den ersten Blick das Leben in der (Post-)Moderne sowie die Weitergabe und Erfahrbarkeit des Glaubens in der Feier der Liturgie so schwierig und kompliziert erscheinen lässt, erweist sich bei näherer Hinsicht jedoch als *das* Charakteristikum menschlicher Existenz überhaupt: die Freiheit.

An den biblischen Gott zu glauben, der sich ohne Einschränkung und Vorbedingung den Menschen zuwendet und das Leben in Ewigkeit will, heißt zugleich, immer wieder neu die Theodizeefrage zu stellen. Denn wenn es stimmen sollte, dass es diesen Gott gibt, dessen Güte die Menschen jeden Tag aufs Neue erfahren können, wie können das unschuldige Leid, die zum Himmel schreiende Ungerechtigkeit, die Zerstörung der Natur, der sinnlose Tod der ungezählten Kriegsopfer hingenommen werden? Liturgische Glaubensüberlieferung und alltägliche Lebenserfahrung führen fast notwendig zu menschlichen Enttäuschungen und zu einer massiven Anfrage eines guten und gerechten Gottes, der angesichts der Faktizität der Zeitgeschichte sich mehr in seiner Ohnmacht als in seiner Allmacht demonstriert. So erklärt sich das notwendige Aufkommen einer intellektuell verarbeiteten Religionskritik – nicht erst in den multiplen Krisen der Gegenwart. Und so ist zu verstehen, warum existenzielle Enttäuschungen ein Leben im Glauben an Gott schwer oder gar unmöglich machen und eine authentische Teilnahme am Gottesdienst ausschließen. Zudem ist für die meisten Menschen evident, dass Religion für das alltägliche Leben oder den Zusammenhalt der Gesellschaft nicht mehr zwingend nötig ist.

Wer angesichts dieser berechtigten Krisenerfahrungen dennoch an Gott glaubt oder glauben möchte, kann dies vernünftig nicht unter Absehen oder Ignorieren der unterschiedlichen Formen der Gotteskritik und der realen Lebenserfahrung tun. Vielmehr gilt es, dieses Bestreiten Gottes zuzulassen und nicht als schwachen Glauben abzutun. Am Menschen und seiner Freiheit, an seiner Erfahrung der Leere und des Vermissens vorbei lässt sich in der (Post-)Moderne kein Gottglauben mehr vertreten und keine Gegenwart Gottes in der Liturgie proklamieren. Die Bibel wie auch die liturgische und mystische Tradition kennen eine Vielzahl erzählter Lebenserfahrungen von glaubenden Menschen, wo im Gebet, im Psalm, im Lied oder in der Meditation gerade der ferne, verborgene, sich entziehende Gott angerufen wird. So lautet ein „Tagesgebet zur Auswahl“ im deutschsprachigen Messbuch:

„Gott.
Du hast uns geschaffen –
doch wir kennen dich kaum.
Du liebst uns –
und doch bist du uns fremd.
Offenbare dich deiner Gemeinde.
Zeig uns dein Gesicht.
Sag uns, wer du bist
und was du für uns bedeutest.
Lehre uns,

dich erkennen, dich verstehen, dich lieben.
Darum bitten wir durch Jesus Christus."

(Messbuch 305)

Der auf diese Weise zu Gott sprechende Mensch ist ein gläubiger Mensch, weil er sich mit der offensichtlichen, schwer erträglichen Fremde Gottes nicht abfindet und auf Gottes Möglichkeiten und Verheißungen hofft. Für die Gottesrede im Gottesdienst, die sich gerade dieser biblisch geprägten Erzählgemeinschaft verpflichtet weiß, ist dieses Gebet ein gutes Beispiel dafür, der lebensgesättigten, hoffnungsvollen Erfahrung des Mysteriums und des Vermissens Gottes Ausdruck zu geben. Dies bedeutet kein Abschied von einem überlieferten, vermeintlich sicheren Glauben und einer jahrhundertealten Liturgie, sondern eine Wiederentdeckung des Glaubens als das, was er ist: „nicht mehr, aber auch nicht weniger als ein in der Erfahrung einer Erzählgemeinschaft begründetes Vertrauen, ein Glaube"[4].

Kommen wir nochmals auf das Vaterunser zurück. Die dritte Bitte lautet: „dein Wille geschehe, wie im Himmel so auf Erden". Diese Bitte, die nur der Evangelist Matthäus überliefert, steht in einer engen Verbindung mit dem Gebet Jesu vor seinem Sterben, wie es derselbe Evangelist erzählt. In wörtlicher Übereinstimmung betet Jesus im Garten Getsemani: „Dein Wille geschehe" (Mt 26,42), und legt damit sein Schicksal vertrauensvoll in die Hände Gottes, damit dieser seinen Heilswillen vollenden kann. Der Matthäusevangelist hat diese Entsprechung offensichtlich bewusst geschaffen, um dem Betenden des Vaterunsers das Beispiel Jesu vor Augen zu führen, der sich dem Willen Gottes fügt.

Die Bitte an Gott „Dein Wille geschehe“ artikuliert somit ein gläubiges Vertrauen des Menschen in die Erfüllung der Verheißungen Gottes. Daraus lässt sich allgemein ableiten: Gebet entspricht einem *gegenseitigen Vertrauensverhältnis*: das Vertrauen Gottes in den Menschen als sein freies und autonomes Geschöpf und das Vertrauen des Menschen in Gott als Schöpfer und Vollender der Welt. Im Gebet wird die geglaubte Beziehung von Gott und Mensch als ein *gegenseitig* auf Offenheit ausgerichtetes Geschehen ausgedrückt und angenommen. Damit unvereinbar ist ein Gebets- und Liturgieverständnis, wonach die Betenden Gott nur um die Ausführung seiner vorherbestimmten Pläne bitten. Wer derart das Verhältnis von betendem Menschen und Gottes Willen bestimmt, negiert den Willen und die Freiheit des Menschen. In der dritten Vaterunserbitte betet der Mensch darum, „dass Gottes Wille ihn – sein Leben, seinen Willen, seine Freiheit – bestimmen, dass Gottes Wille seinen Willen formen möge. *Indem* er darum bittet, tut er das Seine dazu, dass geschieht, worum er bittet, und öffnet sich in Freiheit dafür, dass Gott über ihn verfüge. Des Menschen Bitte wird zur Voraussetzung, dass Gottes Wille an ihm geschehen kann.“[5]

Im Gebet braucht es nicht viele Worte oder ganz bestimmte Formen. Gebetstexte und Gebetszeiten helfen bloß darin, der gegenseitigen Beziehung von Gott und Mensch Ausdruck zu verleihen. Nach franziskanischer Tradition bedeutet Gebet das Innewerden und das Weitergeben des Wortes Gottes, das Angeschautwerden durch Gott und das antwortgebende Schauen auf Gott und die Welt.

Der wunderbare Tausch: Jeder Tag kann Weihnachten werden

Ausgangspunkt für eine zeitgenössische Gottesrede inmitten der Krisen dieser Zeit ist die „weihnachtliche" Grunderfahrung der Heiligen Schrift: Gott will den Menschen für sich gewinnen – und zwar nicht irgendwo und irgendwann, im Jenseits oder im Himmel, sondern hier und jetzt, in dieser Welt, in der Praxis des Lebens. In der unscheinbaren Gestalt eines Kindes macht er selbst deutlich, wer er ist, indem er sich als Mensch offenbart und so seine ohne jeden Vorbehalt endgültige Entschiedenheit für den Menschen und das ganze menschliche Leben (einschließlich der gesamten Schöpfung) offenlegt. Die Weihnachtsliturgie kennt dafür die schöne Metapher vom „wunderbaren Tausch". Damit gemeint ist folgender Gedanke: Gott selbst ergreift aus freiem Entschluss die Initiative zu seiner Menschwerdung. Er tauscht sein Gottsein, seine göttlichen Attribute der Macht und Unsterblichkeit, gegen das Menschsein ein. Er „entäußert" sich, „verschenkt" sich und nimmt in seinem Sohn alles Menschliche, das Leiden, den Schmerz und den Tod in sich auf, um so den Menschen ganz zu sich und in sein göttliches Leben zu holen. Die Gabe also, die Jesus im „Tauschgeschäft" zwischen Gott und Mensch von der Geburt bis in Tod und Auferstehung erbringt, gilt allen Menschen, damit sie es Jesus gleichtun können, indem auch sie zur Gabe für andere werden. So enthält gerade Weihnachten, das in intellektuellen Kreisen so verkannte Fest, einen ungemein ethischen Auftrag: nämlich den Frieden zu wahren, den Gott in seiner Menschwerdung der Welt eingestiftet ist. In diesem Sinne sind die Verse des Weihnachtsmartyrologiums zu verstehen: „Als Friede eingekehrt war auf dem ganzen Erdkreis, da wollte Jesus Christus, ewiger Gott und Sohn des ewigen Vaters, die Welt durch seine liebevolle Ankunft heiligen."

Alle Jahre wieder feiert die Kirche in ihren Weihnachtsgottesdiensten den Glauben an einen Gott, den Gott Israels, der in Jesus Christus zur Welt gekommen ist, um dadurch die Menschen zu Gott kommen zu lassen. Die frühen Kirchenväter haben diese Glaubenserfahrung noch eindrücklicher formuliert, wenn sie die Menschwerdung Gottes mit dem Ziel der „Vergöttlichung" des Menschen verbinden. In heutige Sprache übersetzt heißt das: Auch der Mensch kann (nicht soll!) die Inkarnationsbewegung Gottes in seinem Leben mitvollziehen und das göttliche Wort in sich aufnehmen. Aus der Menschwerdung Gottes erfolgt die Befreiung zur Menschwerdung des Menschen. So wird das je eigene Leben geheiligt, wenn der auch heute auf den Menschen zukommende Gott in Liebe und Stille ankommen darf. Denn es ist Gott selbst, der sein freies Geschöpf in seiner Menschwerdung für sich gewinnen will. Im Angesicht von Weihnachten und der Geburt des Erlösers bietet jeder Tag die Gelegenheit zu einem neuen Anfang, mit der eigenen Menschwerdung zu beginnen.

Das Inkarnationsgeschehen lehnt daher jede Vorstellung eines machtvollen, souveränen und über alles und jeden erhabenen Gottes ab. Gott lässt sich, so war auch Franz von Assisi überzeugt, überall entdecken – nur in einer „Gesellschaft nach Gott" eben auf eine andere, eine neue, eine nicht identifizierbare Art und Weise. Es ist Zeit, Gott nach dem Verlust seiner selbstverständlichen Bedeutsamkeit nicht mehr zu identifizieren oder gar zu definieren, sondern ihn als den ganz Anderen, ja als „heiliges Geheimnis"

(Karl Rahner, 1904–1984) wiederzuentdecken. Auch der „heilige Tausch“ ist eine Metapher, ein Bild, nicht Ausdruck einer logischen Gewissheit – aber es ist ein starkes, provokatives Bild für das Vertrauen Gottes in die Möglichkeiten und Fähigkeiten des Menschen. Warum also wurde Gott Mensch? Um uns seine Liebe zu erweisen und uns von dieser Liebe Gottes hinreißen zu lassen, selbst zu Menschen des Friedens und der Gerechtigkeit zu werden. So kann jeder Tag Weihnachten werden.

Karsamstagsexistenz: Christliches Leben zwischen Karfreitag und Ostern

Es gibt kaum einen anderen Tag im Kirchenjahr, der in der konkreten Praxis so gut wie bedeutungslos ist, aus theologischer Perspektive aber geradezu den Lackmustest des christlichen Glaubensbekenntnisses bildet: der Karsamstag. Es ist der Tag der Leere, der Stille, der Grabesruhe, auch der Resignation und des Scheiterns. Ist etwa doch mit dem Tod alles aus?

Wenn man so will, ist die ganze menschliche Existenz ein Hindurchgang durch die Untiefen der Welt, durch das Leiden der Zeit, eine ständige Suche nach dem Wahren und Ewigen. Dies gilt auch für den Menschen, der daran glaubt, dass in Jesus Christus die Menschenliebe Gottes Wirklichkeit, ja Person geworden ist und dass dieser Jesus sein Leben für alle dahingegeben hat, um sie vom Kreislauf der Schuld und des Versagens zu erlösen. Die Anklagen des Gekreuzigten, die er am Karfreitag seiner Gemeinde bei der Verehrung des Kreuzes in den sogenannten Improperien zuschleudert – „O, du mein Volk, was tat ich dir? Betrübt ich dich, antworte mir" –, können nicht bereits am folgenden Tag verstummt sein.

Am Karsamstag feiern die Kirchen keine Liturgie. Keine Glocken läuten, höchstens ein Kläppern der Kinder, mit denen der harte, hölzerne Schlag ans Kreuz nachgeahmt wird und den Hörenden schier ins Mark dringt. Und auch Gott schweigt. Er redet nicht, sein gutes Wort muss warten. Zumindest einen ganzen Tag, ja mehr noch als 24 Stunden. Erst in der Nacht zum Ostersonntag wird wieder aus den Schriften gelesen, wird sein Wort meditiert und besungen, die ganze Nacht über, bis in der Frühe des neuen Tages Eucharistie gefeiert werden darf – vielleicht eine Zumutung für den Menschen im digitalen Zeitalter, in dem alles *just in time* produziert und geliefert wird. Ostern kann man nicht feiern, ohne angehalten zu haben. Zu Ostern gehört bleibend die Erfahrung des Abschieds, des Todes, der Leere, der Totenstille. Zu Ostern gehört auch das Motiv des gescheiterten Gekreuzigten. Und weil sein Scheitern am Kreuz nicht zum Desaster wurde, nur deshalb dürfen die Gläubigen Halleluja singen. Es wäre ein Verrat an der Realität dieser unerlösten Welt, im Osterjubel alle Trauer über dieses verlorene Leben einfach nur laut wegsingen zu wollen. Der ehrliche Blick auf Jesu Lebensschicksal kann vielleicht eher Mut machen, dass auch das je eigene Scheitern nicht das Letzte sein muss.

All das meint der theologische Fachbegriff „Pascha-Mysterium". Jede christliche Liturgie vergegenwärtigt das „Pascha-Mysterium" Jesu Christi, das heißt den Hindurchgang durch den Tod hinüber ins Leben, aus der Unfreiheit in die Freiheit, aus der Enge in die Weite. Nicht allein die Ankunft, quasi das rettende Ufer oder der Berggipfel nach einem quälenden, anstrengenden Anstieg, sondern der beschwerliche Transitus ist im Begriff „Pascha“ gefasst. Es ist der gesamte Lebensweg Jesu, den die Menschen mitgehen, wenn sie jeden Sonntag Ostern feiern und wo sie mit dem „mitgehenden“ und „vorübergehenden“ Gott in Berührung kommen. Treffend hat der evangelische Theologe Karl-Heinrich Bieritz (1936–2011) den existenziellen Gehalt des Begriffs „Pascha-Mysterium“ beschrieben, wenn mit ihm nicht irgendeine, sondern *die* Grundfrage menschlicher Existenz schlechthin ausgesprochen wird, „die sich dem Menschen mit jedem Atemzug des vergehenden Lebens, mit jedem Schmerz, mit jedem Verlust, aber auch in den flüchtigen Erfahrungen gelingenden, liebenden Lebens aufdrängt – auch durch betäubte Augen und Ohren hindurch: wie man denn angesichts des unausweichlichen Todes sinnvoll zu leben und Hoffnung zu bewahren vermöchte“[6]. Der Geist dieses vorübergehenden Gottes ist auch in der Liturgie am Werk. Ob er aber tatsächlich spürbar wird, hängt von der Art und Weise ab, wie den Menschen jene Hoffnung auf Leben und Rettung zugesprochen wird, an der sie im Ritual immer schon teilhaben.

Ein neuer Himmel und eine neue Erde: Von der Hoffnung auf Verwandlung

„Siehe, geschwunden ist allerorten das Dunkel.“ Stockt da nicht der Atem, wenn man dieser Passage des Exsultet nachsinnt? Ist das wirklich unser österlicher Glaube: in allem und jedem einen Sinn und eine Hoffnung auf ein gutes Ende entdecken zu müssen? Vertrösten und verharmlosen wir da nicht doch die Realität für eine Sehnsuchtshoffnung, die irgendwie in uns wohnt, an die wir selbst aber kaum noch zu glauben wagen?

Das Exsultet, der große Lobpreis auf die Osterkerze, ist jedoch – wie das Leben selbst – viel subtiler, als es auf den ersten Blick erscheint. In immer neuen Anläufen versichert der Gesang in metaphorischer Sprache die Erhellung der Nacht durch das Licht Christi – doch die Nacht ist noch nicht zu Ende, das Dunkel ist nicht allerorten geschwunden. Stattdessen ergeht an den Erdkreis, also an uns, der Auftrag zu verspüren, sinnlich wahrzunehmen, im Glauben zu erkennen und in unserer ganzen Existenz anzunehmen: Das Dunkel geht der Welt endgültig verloren – trotz allem.

Es ist gut und richtig, wenn wir uns all dem Zweifel und der Skepsis über die Botschaft von Ostern stellen – und zwar in der gemeinsamen Feier des Gottesdienstes, im Schauen auf das Licht der Osterkerze und im Hören auf die Erzählungen vergangener Erfahrungen, die von den Vorfahren im Glauben wahrgenommen, gedeutet, erkannt und aufgeschrieben worden sind: so in den Lesungen von der Schöpfung Gottes, vom Glauben Abrahams, von der Befreiung Israels aus der Macht des Bösen oder von der Begegnung der Frauen am leeren Grab. All diese Erzählungen haben eines gemeinsam: eine Erfahrung tiefsten Vertrauens – ein Vertrauen in das Gute trotz aller Unbegreiflichkeit, trotz aller Widrigkeiten und gegenteiliger Argumente.

In der Logik des Exsultet ist es die Sünde, die das Dunkel bewirkt. Und die Feuersäule – eine Anspielung auf das rettende Zeichen Gottes beim Durchzug der Israeliten durch das Schilfmeer bei Nacht (vgl. Ex 13,21) – ist es, die die Macht der Sünde verbrannt und Befreiung gewirkt hat und die jetzt inmitten der Versammlung das befreiende, neue Licht des Auferstehungsmorgens vergegenwärtigt. Ostern besitzt eine Vorgeschichte und eine andauernde Gegenwart. Bereits in die Geschichte Israels, des Alten Bundes, ist Gottes Verheißung hineingelegt, dass nämlich der Mensch zur Freiheit berufen ist, um in ehrlicher Beziehung leben zu können: zu sich selbst und zum Nächsten – und inmitten dieser nicht selten beunruhigenden Begegnung auch zu Gott. Zielpunkt ist jene Nacht, die zur Erleuchtung wird: „Nox illuminatio mea". Gemeint ist die Taufe, zu der sich Christinnen und Christen bekennen und „Ja" sagen zu diesem Gott, der die Menschen immer schon bejaht hat. Im Angesicht der vielen schuldhaften Verstrickungen der gegenwärtigen Zeit darf die Frage erlaubt sein, ob Schuld und Sünde sogar „glücklich" gepriesen werden dürfen. Es ist nicht zu erklären, warum der Mensch hinter seiner Würde immer und immer wieder zurückbleibt und schuldig wird. Was aber bleibt, ist die Bitte um Vergebung, die Hand zur Versöhnung, der Wille zur Umkehr, die Hoffnung auf Verwandlung.

Erst in der Vollendung wird die Nacht vollends vom Licht des Tages, vom „Morgenstern" des wiederkehrenden Christus, erfüllt sein (vgl. Offb 22,16). Die Nacht als Metapher für die Verlockungen der Sünde hat durch Christus schon heute für alle diejenigen ihre Schrecken verloren, die mit Vernunft und Glauben dem Bösen widerstehen können. So kann schon jetzt anbrechen, was als Verheißung das Ziel von allem sein wird: ein neuer Himmel und eine neue Erde.

Es bleibt eine Aufgabe des gläubigen Menschen, nicht teilnahmslos, quasi vom Sturm der Zeit gefangen, in die Vergangenheit zu schauen und dabei mit dem Rücken in die Zukunft geworfen zu werden. Feste und Feiern, Sakramente und Sakramentalien, kleine und große Rituale können die Zeit weder anhalten noch die Katastrophen der Weltgeschichte zu einem Besseren wenden. Die vielfältigen Liturgiefeiern sind vielmehr in ihrer anamnetischen Verfasstheit Beginn und Vorwegnahme einer neuen Welt, jener Herrlichkeit Gottes, in der die uneingelösten Versprechen der Geschichte aufgehoben sind.

Welche liturgiepraktischen Konsequenzen sich aus diesen theologischen Vergewisserungen ergeben, wird im folgenden Kapitel skizziert.

3. „Auch wer zur Nacht geweinet, der stimme froh mit ein" – Liturgie als Sinn- und Kraftressource

Kommen wir nochmals auf Kleppers Weihnachtslied *Die Nacht ist vorgedrungen* zurück. Auch hier wird die Metapher vom „Morgenstern" aufgegriffen, gleich in der ersten Strophe:

„Die Nacht ist vorgedrungen,
der Tag ist nicht mehr fern.
So sei nun Lob gesungen
dem hellen Morgenstern!
Auch wer zur Nacht geweinet,
der stimme froh mit ein.
Der Morgenstern bescheinet
auch deine Angst und Pein."

Der Morgenstern ist das hellste Gestirn, das noch vor dem Sonnenaufgang am Firmament erscheint. Kosmologisch handelt es sich dabei meist um die Venus, sodann um Jupiter und für eine kurze Zeit um Merkur. Dass die Venus für sechs bis sieben Monate auch der Abendstern ist, macht das ambivalente Motiv so interessant für die Mythologie und Kulturgeschichte. Bei Klepper versichert der Morgenstern jenen Lichtstrahl, der die am Abend noch Weinenden zu trösten vermag, den Ängstlichen neuen Mut schenkt, den Leidenden Linderung verheißt. Er ist wie der Vogelgesang am frühen Morgen, der ein Sinnbild für den morgendlichen Lobpreis des Menschen sein kann, ohne zu wissen, welch neues Leid der Tag bringen wird. Der Psalmist kehrt das Sprichwort „Auf Lachen folgt Weinen" um: „Wenn man am Abend auch weint, am Morgen herrscht wieder Jubel" (Ps 30,6). In diesem Sinne rufen die Betenden Gott am frühen Morgen an: „Herr, öffne meine Lippen, damit mein Mund dein Lob verkünde!" (Ps 51,17).

Es ist vielleicht gerade diese Haltung von Danksagung und Lobpreis, die die Liturgie in Krisenzeiten zu einer Kraft- und Hoffnungsquelle werden lässt.

„Tut und hört dies zu meinem Gedächtnis": Vom anamnetischen Gehalt der Liturgie

Die (post-)moderne Skepsis über die Wahrhaftigkeit und Lebensrelevanz religiöser Überlieferungen trifft auf das Zeugnis einer Liturgie, die in vielfältigen Ausdrucksformen eine Erinnerungskultur ist. Christliche Liturgie ist im Kern rituelle Vergegenwärtigung des Heilshandelns Gottes in der Geschichte, gemäß dem Leitwort: „Tut dies zu meinem Gedächtnis!" (1 Kor 11,24f; Lk 22,19). So wie die Kirche mit diesen Worten am Gründonnerstag betet, so betet sie letztlich in jeder Eucharistiefeier. Immer, wenn eine Gemeinde auf die Heilige Schrift hört, darüber nachsinnt und im Gebet gläubig mit den eigenen Anliegen antwortet, vergegenwärtigen sich die Heilsereignisse inmitten der liturgischen Versammlung. Immer, wenn eine Gemeinde das Gedächtnis der Selbsthingabe Jesu Christi feiert, „vollzieht sich an uns das Werk der Erlösung" (Gabengebet vom Gründonnerstag). Der Anamneseauftrag beschränkt sich demnach nicht auf die Feier der Eucharistie als danksagende und lobpreisende

Erinnerung an das Pascha-Mysterium Jesu Christi. Sinngemäß gilt er gleichermaßen für eine Wort-Gottes-Feier, für Sakramenten- und Segensfeiern sowie für das Stundengebet. Wer Liturgie im engeren und weiteren Sinn verstehen will, kann an der Kategorie der Anamnese, des wirkmächtigen Gedenkens des Heilshandelns Gottes, nicht vorbeigehen. Insofern lässt sich das Pauluswort erweitern und konkretisieren: „Tut und hört dies zu meinem Gedenken!"

Die ersten an Jesus Glaubenden versammelten sich nicht zum Zweck von Bittstellungen, Opferungen oder Beschwörungen zum Gottesdienst, sondern um an Jesus als den Christus zu denken, von ihm zu erzählen, im Gedächtnis an die Begegnungen mit dem Auferstandenen Mahl zu halten und so der Hoffnung auf seine nahe Wiederkunft leibhaftigen Ausdruck zu verleihen – in der Glaubensgewissheit, dass im Ritual der auferstandene Gekreuzigte seiner Verheißung treu bleibt: „Denn wo zwei oder drei in meinem Namen versammelt sind, da bin ich mitten unter ihnen" (Mt 18,20).

Voraussetzung für jede Feier von Liturgie ist und bleibt daher die Versammlung der Gläubigen zum Volk Gottes. Das zentrale, biblisch bezeugte Verständnis von Erinnerung in Form einer Bitte an Gott, er möge doch seines Bundes gedenken, erhält dann seine Glaubwürdigkeit, wenn sich eine Gemeinde und jede und jeder Einzelne für eine Begegnung mit Gott öffnen. Das lebendige, existenzielle Eingedenksein der Geschichte des eigenen Volkes mit ihrem Gott, verbunden mit einer Erwartungshaltung auf Gottes Kommen, bildet das identitätsstiftende Merkmal jüdisch-christlicher Erinnerungskultur.

Liturgisches Erinnern beinhaltet immer auch ein gesellschaftskritisches Moment, das den Gottesdienst nicht zur schönen Verweilstunde am Sonn- oder Festtag verkommen lässt. Statt kurzfristiger Befriedigung seelischer Regression führt die Liturgie zu einer Beunruhigung des Status quo der Alltäglichkeit. Johann Baptist Metz (1928–2019) hat in diesem Zusammenhang von „gefährlichen Erinnerungen" gesprochen, die nicht nur die Geschäftigkeit des Alltags unterbrechen, sondern auch das eigene Leben und Handeln in dieser Welt beunruhigen.

Eine Kritik an den bestehenden Verhältnissen von Kultur und Gesellschaft entspringt der liturgisch sich erneuernden Verheißung Christi, diese Welt heiligen zu wollen, biblisch gesprochen: die Gottesherrschaft anbrechen zu lassen (vgl. Mk 1,14f). Jedes menschliche Leben – und so auch ein christlicher Lebensentwurf – ist eingespannt zwischen Geburt und Tod, Freude und Leid, Hoffnung und Verzweiflung, Dasein-Dürfen und Dasein-Müssen. Wenn eine liturgische Feier auf ein gelingendes Leben hinzielen will, dann kann das Ritual nicht als eine Art Flucht vor der Welt missverstanden werden.

Daher gehört zum Gottesdienst eigentlich immer auch die Klage. Denn in der Klage weigert sich der Mensch, sich mit dem Status quo der Krisen dieser Welt schlichtweg abzufinden. Klage ist ein Protest gegen Stammtisch-Parolen wie „Das-wird-schon-irgendwie" oder „Alles-halb-so-schlimm". Selbst wenn eine Klage im Gottesdienst, ja ein Einklagen von Solidarität mit den Leidenden, von Pandemie, Krieg und Klimawandel heimgesuchten Menschen zunächst wirkungslos erscheint, wie sonst sollte man mit dem Ausbleiben jedes Trostes leben können? Christinnen und Christen geben die „Hoffnung wider alle Hoffnung" nicht auf (vgl. Röm 4,18).

Die in den Gottesdiensten gefeierten Verheißungen, etwa der im Gloria aktualisierte Engelsgruß vom Frieden auf Erden oder die in der Taufe gefeierte Botschaft von der unbedingten Würde des Menschen, werden im realen Leben gewiss nicht immer eingeholt. Es bleiben Brüche und Widersprüche zwischen Fest und Alltag. Jede liturgische Feier erinnert und vergegenwärtigt aber den Glauben an einen Gott, der die Liebe ist, der in Jesus Christus das ganze Leben mit den Menschen geteilt und durch das Werk seiner Liebe den Menschen von Leid, Schuld und Sünde erlöst hat. Von ihrem theologischen Anspruch her drängt die liturgische Versammlung daher zu einer befreienden und froh machenden Lebenspraxis, die sich im alltäglichen Leben bewähren soll.

Immer noch ein „Heiliges Spiel“: Von der Absichtslosigkeit der Liturgie

Von dem bedeutenden Religionsphilosophen Romano Guardini (1885–1968) stammt die epochale Idee, die Liturgie mit einem Spiel zu vergleichen, genauer mit einem „Heiligen Spiel“. „Vor Gott ein Spiel zu treiben, ein Werk der Kunst – nicht zu schaffen, sondern zu sein, das ist das innerste Wesen der Liturgie.“[7] So lautet der viel zitierte Kernsatz seines Büchleins *Vom Geist der Liturgie* aus dem Jahr 1918, in unzähligen Auflagen bis in die jüngste Zeit erschienen. Und an einer Stelle sagt er:

> „Der Sinn der Liturgie ist der, dass die Seele vor Gott sei, sich vor ihm ausströme, dass sie in seinem Leben, in der heiligen Welt göttlicher Wirklichkeiten, Wahrhei-

ten, Geheimnisse und Zeichen lebe, und zwar ihr wahres, eigentliches, wirkliches Leben habe.“[8]

„Spiel“ ist hier eine Metapher für menschliches Verhalten. Damit soll Liturgie nicht auf das Niveau kindlichen, besser gesagt kindischen Spielens herabgewürdigt werden. Für Guardini ist es wichtig, mit der Metapher Spiel zwei Aspekte zu unterscheiden: Zweck und Sinn. Kinder spielen nicht, um ganz bestimmte Zwecke zu erreichen. Spielen ist nicht zweckhaftes Handeln. Anders die Wirtschaft: Hier will man mit möglichst geringem Aufwand einen Zweck perfekt, effektiv, mit größtmöglichem Gewinn erreichen. Demgegenüber gibt es Bereiche in der Wirklichkeit, die diesem zweckgerichteten Handeln entgegenlaufen: etwa das Spielen der Kinder, die Kunst, letztlich auch die Wissenschaft – und eben auch die Liturgie.

Worin liegt nun der Sinn der Liturgie, was ist ihr inneres Wesen? Guardini würde sagen: Der Sinn der Liturgie besteht darin, als Mensch vor Gott zu sein, einfach da zu sein, sich ihm zur Verfügung zu stellen, nach ihm zu suchen, ihn anzurufen, anzuklagen, nach ihm zu schauen, zu verweilen – und zwar nicht oder zumindest nicht primär, um irgendeinen Zweck zu verfolgen (etwa die Erlangung des eigenen Seelenheils). In dieser Einschätzung liegt auch das Dilemma der Liturgie (wie der Religion allgemein): Für viele Menschen trägt ein solch „spielerisches“ Verständnis von Liturgie scheinbar nicht zum Leben bei, wenn das Leben sich doch sonst immer in zweckhaften Parametern abspielt. Anderen Menschen wird gerade diese scheinbar „nutzlose“, absichtslose Art und Weise des Feierns zur Kraft- und Sinnressource.

Die Begriffe Spiel, Fest und Ritual sind letztlich als Metaphern zu verstehen, wie Gott selbst in der Liturgie handelt: nicht nur im Wort, sondern auch dort, wo wir es nicht vermuten, wo wir ihn nicht auf etwas Bestimmtes festlegen, sondern ihm in Form der Annäherung Raum geben, vor allem in symbolischer, ritueller Gestalt, in Zeichen und Metaphern, zum Beispiel im Licht der Fenster, in der Weite eines Kirchenraums. Denn nicht nur der Mensch handelt spielerisch in Zeichen und wird selbst in seinem Leib zum Symbol, sondern auch Gott. Es ist nicht nur das Wort der Schrift, durch das sich Gott in der Geschichte offenbart hat. Gottes verborgene Nähe geschieht nach dem Zeugnis der Bibel auch in unscheinbaren Zeichenhandlungen; etwa in dem leisen „Säuseln", in welchem Eliah am Horeb Gottes Gegenwart erlebt (vgl. 1 Kön 19,12f). Und um ein solches unscheinbares „Säuseln" hören und spüren zu können, braucht es vor allem eins: Aufmerksamkeit.

Das hat auch Franziskus erkannt. Selbst in der Zeit, als er die Regeln für die Brüder verfasste, ist ihm nicht das Wort das Wichtigste. Was er spürt und erlebt, gibt er in Bildern und Gesten wider. Er erlebt sich und Gott in Inszenierungen, in Zeichen, in den Dingen der Schöpfung, im alltäglichen Tun. In der Niedrigkeit, Unscheinbarkeit und Armut des Lebens lässt sich für ihn jener Gott eher finden als in prächtigen Kirchenräumen oder festgefahrenen Riten der geistlichen Elite. Bei Franziskus wird die ganze Welt transparent, durchsichtig auf Gott. Denn in zwei Büchern steht Gottes Wort geschrieben: im Buch der Bibel und im Buch der Schöpfung.

In der philosophischen Tradition lässt sich diese Haltung der Absichtslosigkeit auch mit dem Begriff „Muße" umschreiben. Auch Muße ist dem Diktat eines auf Produktivität und Leistungsdruck basierten Zeitmanagements entzogen. So beschreiben die Philosophen Jochen Gimmel (*1977) und Tobias Keiling (*1983) diese so ganz andere Haltung zum praktischen Leben und zur Gestaltung von Zeit folgendermaßen:

> „Muße stiftet die Möglichkeit eines wachen Innehaltens, eines reflektierten Zu-Sich-Kommens, einer Selbst-Vergewisserung und – als Konsequenz daraus – die gesteigerte Möglichkeit der Selbstbestimmung oder ‚Selbststeuerung'. Muße ist dann gleichbedeutend mit einem Erfahrungs*raum*, in dem das Diktat der getakteten, drängenden Zeit zumindest vorübergehend aufgehoben ist. Die Suche nach einem Innehalten im umtriebigen Alltag, die Hoffnung auf einen Freiraum zur Selbstfindung und Selbstvergewisserung kann sich deshalb als Wunsch nach Muße artikulieren."[9]

Muße ist folglich kein Gegensatz zur Arbeit. Muße ist auch nicht gleichbedeutend mit Nichtstun oder Müßiggang. Muße ist auch nicht identisch mit Contemplatio, wenn damit die stille Einkehr des Menschen in sein Innerstes und das Gegenteil von Actio gemeint ist. Muße braucht keinen Lockdown, ganz im Gegenteil. Muße kann sich überall, in jedem Raum, zu jeder Zeit einstellen, wo und wann der Mensch sich einer selbstzweckhaften Tätigkeit widmen kann, die in sich sinnvoll ist, womöglich glücklich stimmt und als gut und wertvoll erlebt und gedeutet wird. Ein solches selbstzweckhaftes Tätigsein kann für den einen die Arbeit im eigenen Garten oder die Pflege des eigenen Waldes sein, für den anderen das Lesen eines Buches auf dem Sofa, das Flanieren durch eine Stadt am Abend oder eben das Meditieren und Beten zu Gott. Wesentlich ist, dass das jeweilige Tätigsein nicht zur Erreichung eines bestimmten Zwecks verfolgt wird, sondern in Freiheit um seiner selbst willen getan wird. Die Loslösung von ständigem Zwang zu Produktion und Selbstoptimierung befreit vielmehr zu neuer Produktivität. Ob sich in einer solchen ‚produktiven Unproduktivität' tatsächlich die Erfahrung von Glück, Dankbarkeit oder Zufriedenheit einstellt, lässt sich weder planen noch garantiert herbeiführen – auch nicht in einer „perfekt" geplanten und durchorganisierten Liturgie. Vielmehr ist Muße etwas Unverfügbares, das in sehr unterschiedlichen Tätigkeiten potenziell erlebbar und somit auch sehr variabel gedeutet wird. Es ist also die „Absichtslosigkeit", die Muße und liturgische Erfahrung miteinander verbinden. Und was bedeutet das konkret?

Jochen Gimmel und Tobias Keiling bestimmen den Grundzug von Muße „als ein *Innehalten* …, als ein *Verweilen*, in dem die Sukzession der Zeiterfahrung zugunsten der *Simultaneität*, der *Unbestimmtheit* und damit auch der *Räumlichkeit* der Erfahrung zurücktritt. Dies ist gleichbedeutend mit der Erfahrung eines *Freiraums* und *Möglichkeitsraums*, in dem die Möglichkeitsbedingung wirklich selbstbestimmten und freien Handelns gelegen ist."[10]

Und genau darin zeigt sich auch die Grundhaltung eines Liturgie feiernden Menschen, ganz nach franziskanischer Tradition: offen zu sein für das Unerwartete; frei zu werden für das, was geschieht und geschenkt wird; sich öffnen um von Gott angeschaut zu werden; anzukommen und den weiten Kirchenraum (oder auch einmal den Reiz der Natur bei einem Freiluftgottesdienst) auf sich wirken zu lassen; die digitale Taktung der Zeit loszulassen und sich eine analoge Stunde des Verweilens und Innehaltens schenken zu lassen. Genau das meint die rechte Weise von Contemplatio.

Von Gott berührt: Mit allen Sinnen Liturgie feiern

Wenn sich heute viele Menschen einen größeren Erlebniswert im Gottesdienst wünschen und gleichzeitig die Attraktivität charismatisch-pfingstlich gestalteter Gottesdienste ansteigt, stellt sich die eindringliche Frage: Inwieweit ist das Emotionale, das Sinnlich-Symbolische, das Erlebnishafte im Gottesdienst legitim? Wie verhält sich heute, im Zeitalter der „Inszenierungsgesellschaft", das Erzählerische zum Dramatischen? Inwieweit ist der Gottesdienst eine rituelle Inszenierung mit den Ausdrucksmitteln von diskursiver, vernunftbetonter Sprache und präsentativer, das heißt sinnlich-unmittelbarer Symbolik? Dazu ein kleines Beispiel.

Erster Weihnachtstag, 18.00 Uhr: Eine Gemeinde im Sauerland hat sich zum Abendgottesdienst versammelt. Der Kirchenraum ist dunkel, nur der Schein der Kerzen an den Christbäumen und an der Krippe gibt so viel Licht, dass jeder im Antlitz des anderen seinen Nächsten erkennen kann. Andächtige Stille lässt den Raum in einer dichten, heimelig-heiligen Atmosphäre erleben. Wie aus dem Nichts erhebt eine Kantorin ihre Stimme: „Milliarden von Jahren waren vergangen, als Gott im Anfang Himmel und Erde erschaffen …" Sie singt von der Ankündigung der Geburt des Herrn nach dem Römischen Martyrologium. Die Gemeinde stimmt in diese Proklamation freudig ein. Was folgt, ist eine Art kirchenmusikalische Andacht – ein

Wortgottesdienst, in dem im Zentrum das Weihnachtsevangelium steht, das durch eine reiche Fülle an beliebten Weihnachtsliedern, meditativen Texten, Gebeten und Zeichenhandlungen, Licht und Weihrauch erschlossen wird. Also keine Messfeier, aber auch keine klassische Vesper, aber ein Gottesdienst, der „An-klang“ gefunden hat.

Was ist hier geschehen? Nach Krippenspiel und Christmette am Heiligen Abend und dem Weihnachtshochamt am Morgen hat sich eine beachtliche Anzahl an Menschen noch einmal – oder zum ersten Mal – auf den Weg gemacht, um Gottesdienst zu feiern, um auf das Wort Gottes zu hören, zu beten, zu singen, sich einzulassen auf die Begegnung untereinander, mit sich selbst, mit dem eigenen Leben, mit der Geschichte Gottes, bewusst oder unbewusst – und all das vor allem durch Musik und Stille, Raum- und Gemeinschaftserfahrung.

Gerade an Weihnachten, aber auch sonst im Jahres- und Lebensverlauf wird immer deutlicher spürbar, wie sehr es eine Vielfalt an Gottesdienstformen in unserer Zeit braucht – nicht als Konkurrenz oder Ersatz zur Feier der Eucharistie. Vielmehr bedarf es eines weiteren Angebots an gestalt- und situationsgerechten Feiern, die die heutigen Lebensentwürfe und Lebenserfahrungen in die Feiern des Glaubens hineinnehmen und einen „Sinnraum“, einen symbolischen Raum eröffnen, der Glaube und Lebenswelt, Erwartungen der Kirche und Erfahrungen der Menschen, die Sehnsucht Gottes nach dem Menschen und die Sehnsucht des Menschen nach Gott in produktiver Spannung zusammenführt. Und dies nicht an immer weniger Orten, sondern möglichst auch in der Breite und Fläche des Landes, nahezu täglich und allerorten. So gilt es, diese neue (und alte!) Vielfalt an großen und kleinen

Gottesdienstformen in der Woche, im Jahr, im Lebensverlauf konsequent zu fördern und als ortskirchliche Liturgie zu würdigen.

So wesentlich und unverzichtbar die stete Überprüfung und Weiterentwicklung der liturgischen Sprache ist, Gottesdienste erleben wir nicht allein, wenn nicht sogar eher nachgeordnet durch das kognitive Verstehen vorgelesener Texte. Es sind die Ausdrucksmittel der Sprache *und* des körperlichen Handelns, die im Gottesdienst einen affektiven und emotiven (gemütserregenden) Zugang zu Gottes Gegenwart ermöglichen wollen. So wird schnell verständlich, dass liturgische Reformen einhergehen müssen mit der Überprüfung der rituellen Feierpraxis und mit einer Form liturgischer Bildung, die an die wirkliche und persönliche Feier der heiligen Geheimnisse heranführt. So gilt es, die rituelle Sprach- und Handlungskompetenz aller Gläubigen zu stärken, damit ein gottesdienstliches Erlebnis zu einer im Ritual gedeuteten Erfahrung wird – der Erfahrung menschlichen Lebens als ein Unterwegssein mit dem lebendigen Gott.

Nichts „stimmt" den Gottesdienst zudem so sehr wie die Musik, gleichwohl das Hör-Erlebnis im Vergleich zum Mitsingen und Mitmusizieren viel wichtiger geworden ist. Es ist nicht primär oder ausschließlich die theologische Stimmigkeit oder die musikalische Qualität, sondern die anthropologisch-lebensgeschichtliche Tiefe und emotionale Erreichbarkeit, die über die Relevanz eines Liedes für den Glauben und über seine Verwendung im Gottesdienst entscheidet. Liedern, von denen eine existenziell bedeutsame Wirkungsgeschichte ausgeht, wohnen sinnvolle Erfahrungen inne, mit denen potenziell auch der heutige Hörende oder Singende in Beziehung treten und sein eigenes Leben im Lichte dieser verdichteten Lebenserfahrungen bewusst oder unbewusst wiedererkennen kann. Selbstverständlich gelten auch für Musik und Lieder im Gottesdienst nahezu dieselben Kriterien wie für die liturgischen Gebete und Zeichenhandlungen, nämlich: biblischer Gehalt, Einklang mit der *lex credendi*, kultureller Anspruch, künstlerisches Niveau und poetische Qualität. Ein Lied aus längst vergangenen Zeiten, anderen Kulturräumen oder zeitgenössischen Milieus zu singen, verlangt aber „keine Totalidentifikation" (Alexander Zerfaß *1978). Man darf, ja muss sich an ihnen auch reiben können, nicht nur am Text, auch an der Melodie, sonst bleibt es bei einem rein ästhetischen Konsum. Genau in dieser Auseinandersetzung mit fremden und herausfordernden Worten und Klängen liegt die prophetische Kraft von Liedern und Musikstücken – und zwar auch von solchen, deren eigentlicher Sitz im Leben nicht die Liturgie, sondern die religiöse oder auch nicht-religiöse Lebenswelt war und ist.

Allerdings ist vor der Versuchung zu warnen, mittels einer Art „Technik" das Gelingen eines Gottesdienstes garantieren zu wollen. So wesentlich Liturgie ein ganzheitliches Geschehen ist, das den Menschen mit allen Sinnen anrühren und zum Lobpreis Gottes anstimmen will, so bleibt Gottesbegegnung als geistliche Erfahrung immer etwas Unverfügbares. Entscheidend ist aber, den überlieferten Glauben immer wieder neu Wirklichkeit werden zu lassen, damit sich religiöse Erfahrung ereignen kann. „Religion, die nicht aufgeführt wird, führt zu nichts" (Ralph Kunz, *1964). Viel wird davon abhängen, ob der Gottesdienst der Zukunft eine partizipative, offene, lebendige und einladende Gestalt und Feierkultur finden wird, in der die Menschen von jener Liebe und Nähe Gottes berührt und angerührt werden können, die größer ist als menschliche Vernunft und tradierte kirchliche Strukturen.

Im Alltag der Menschen: Ritendiakonie als Selbstanspruch von Kirche

Nötiger denn je ist die Bejahung und Gestaltung einer reichen, vor Ort verantworteten Feierkultur, die aus der kirchlichen Verantwortung zur „Ritendiakonie" (Paul Michael Zulehner, *1938) für alle Menschen entspringt, die danach fragen. Neben den „klassischen" Formen des christlichen Gottesdienstes, die den Glauben der Kirche vollziehen und daher auch bei den Teilnehmenden voraussetzen, darf und muss es aufgrund des Selbstanspruchs von Kirche weitere religiös-rituelle Feiern und spirituelle Orte geben, in denen Menschen nicht bloß als Gäste und Zuschauer, sondern als mithandelnde Subjekte auch ohne kirchliche Bindung und sakramentale Befähigung willkommen sind. Dies bedeutet keinen Verzicht auf die Verkündigung des christlichen Glaubens, der der Sendung der Kirche widersprechen würde. Auch deutet sich hier nicht ein fragwürdiger Synkretismus an, der dem Evangelium zuwiderliefe. Vielmehr zeigt sich darin ein gewandelter Umgang mit der Weitergabe des Glaubens, der in der (post-)modernen Gesellschaft nicht mehr als selbstverständlich vorausgesetzt, wohl aber den Menschen in aller Freiheit *angeboten* werden kann. Mit dem *Anbieten des Glaubens* ist eine Formulierung aufgegriffen, die die französischen Bischöfe bereits im Jahre 2000 geprägt haben und die für die diakonisch-ethischen Dimensionen von Ritualen bis heute inspirierend sein kann.

Von dem französischen Philosophen und Sinologen François Jullien (*1951) stammt der – zugegeben – provokative Ausspruch, das Christentum (und damit auch die christlichen Rituale im weitesten Sinne) vor allem als „kulturelle Ressource“ zu verstehen. Eine Ressource „gehört dem, der sie entdeckt – je mehr er sie entdeckt – und der sie profitabel macht“[11]. Eine Ressource gleicht einem Angebot, von dem all jene profitieren können, die sich ihr aussetzen, daran partizipieren und sich so von ihr befruchten lassen. Dagegen ist ein kirchliches Ritual dann keine potenzielle Kraftquelle, wo der Eindruck einer geschlossenen, elitären Gemeinschaft entsteht, die den Großteil der Gesellschaft ausschließt. So wie die Wiederentdeckung der Subjekthaftigkeit aller Getauften ein hierarchisches Gefälle in Akteure und Konsumenten ausschließt, so verbietet sich bei der Trägerschaft niederschwelliger Gottesdienstformen eine neue Unterscheidung in kirchlich Engagierte und außenstehende Besucherinnen und Besucher. Der Auftrag Jesu zu Sammlung und Sendung kann sich in vielfältigen, theologisch unterschiedlich akzentuierten Formen erfüllen, die den Menschen in ihrer Freiheit spirituelle Erfahrungen ermöglichen und zur religiösen Selbsttätigkeit befähigen, auch dort, wo die Teilnehmenden sich nicht oder noch nicht mit Christus, seinem Evangelium und seiner Kirche identifizieren können. Schließlich ist es nach franziskanischer Tradition Gott selbst, der sich jenen Grenzen zu entziehen vermag, die ihm Kirche und Gesellschaft aufgerichtet haben. Überall, wo die Liebe ist, da ist auch Gott.

Eine wesentliche Chance diakonischer Gottesdienstformen, wie etwa Rituale in Krisenzeiten, besteht folglich darin, im Zeugnis des christlichen Glaubens rituelle Erfahrung zu ermöglichen – eine Form von Erfahrung, die die individuelle Lebenswelt mit dem Glauben, persönliche Lebensdeutungen mit religiösen Erzählungen in einem „Zwischenraum" produktiver, ästhetisch und emotional verdichteter Spannung zusammenführt. Eine solche Erfahrung lässt sich nicht herstellen, durch Reformen herbeiführen oder durch niederschwellige Gottesdienste „machen", schon gar nicht durch Gesetze und Kirchenmitgliedschaft garantieren oder kontrollieren. Treffend hat der Bonner Liturgiewissenschaftler Andreas Odenthal (*1963) einmal grundsätzlich über den Gottesdienst als „dritten Raum" gesagt:

> „Alles wird davon abhängen, den Gottesdienst als Frei-Raum, als ‚Ereignis' der Gnade fassen und erlebbar machen zu können: Hier vollzieht sich die Universalisierung des Heils-von-Gott-her. Der Gottesdienst ist als potentieller Raum (‚third space') zu konstruieren, der neue Möglichkeiten des Lebens eröffnet. Damit ist das Ritual nicht mehr in Händen der Kirche: Die Menschen machen mit, was sie wollen – und Gott auch."[12]

Die Akzeptanz, etwa die Mittagspause mit einem Mittagsgebet in der Citykirche zu verbinden oder das Wochenende mit einem „After-Work-Gottesdienst" einzuläuten oder den Sonntag mit einem Taizégebet zu beschließen, um so mitten im Leben einen Moment innezuhalten und sich unterbrechen zu lassen, wird vermutlich heute und in Zukunft immer weniger an einem religiösen Bekenntnis oder katechetischen Unterweisungen, sondern an Stimmungen, Gefühlen und Atmosphären festgemacht. Spirituelle Gottesdienste mit einer ausgezeichneten ästhetischen Gestalt, die über die Artikulation von (belehrenden) Texten hinausgehen und vor allem als ein absichtsloses Feiern mit allen Sinnen erscheinen, machen dagegen eine „stimmige Szene" aus und lassen einen unverfügbaren Sinn aufscheinen. Denn wer will ernsthaft leugnen, dass der Mensch viel mehr über das Emotionale als über das Intellektuelle angesprochen wird?

Das Gleiche gilt für das Bereitstellen und Offenhalten von Kirchenräumen. Die Journalistin und Musikwissenschaftlerin Monika Willer (*1960) sieht gerade in den vielen kleinen und großen Kirchenräumen ein Alleinstellungsmerkmal der Kirchen, speziell der katholischen Kirche. Aus historischer Sicht leuchtet schnell ein, dass die großen gotischen Kathedralen oder die lichten Barockkirchen nicht in erster Linie als Häuser der Versammlung einer Ortsgemeinde gebaut wurden. Aus der Perspektive einer reinen Kosten-Nutzung-Rechnung zeugen selbst die schlichteren Betonbauten der Moderne von einer ökonomisch kaum verantwortbaren Platzverschwendung. Die Länge und Weite von Kirchen, das grandiose Raumvolumen, die Aufteilung in Haupt- und Seitenschiffe mit breiten Umgängen und Wegen wollen vielmehr Zeichen sein für die Größe Gottes. Sie sind quasi entrückte Räume, die sich in den Himmel strecken und ein Gespür für den Himmel auf Erden vermitteln. Als Orte der Stille und Weite durchbrechen sie die Reizüberflutung des digitalen Zeitalters. Und diese Raumerfahrung kann schließlich jede und jeder machen, ganz ohne Vorbindung und besonderes religiöses Tätigsein. „Man muss nichts tun in einer Kirche, man muss nicht einmal beten. Es reicht völlig, wenn man sich in eine Bank setzt und atmet."[13] In diesem Sinne ist dem tschechischen Theologen und Soziologen Tomáš Halík (*1948) zuzustimmen, der für das kirchliche Christentum eine Wende von der Religion zur Spiritualität anmahnt. Die Kirche der Zukunft wird sich wesentlich in spirituelle Zentren und Orte der Begegnung und Begleitung, des Gebets und der Kontemplation verändern. Und auch die Gottesdienste der Kirchen werden sich noch intensiver zu existenziell bedeutsamen Feiern entwickeln (müssen), die von der Leichtigkeit des Aufbrechen- und Ankommen-Könnens geprägt sind. Und wenn man noch einen Schritt weitergehen will, dann braucht es – im Gefolge franziskanischer Spiritualität – noch nicht einmal besondere Orte und besondere Menschen zur Gottesbegegnung. Gott lässt sich gerade dort finden, wo er nicht vermutet wird, vor allem in Zuwendung zum bedürftigen und notleidenden Menschen.

Eucharistie: Göttliche Lebensnahrung in der Bedürftigkeit der Menschen

Dass auch und insbesondere die Eucharistie ein Ritual ist, das inmitten der Krisen dieser Welt eine Kraftquelle sein kann, geht in einer zur Routine erstarrten Feierpraxis oftmals unter – auch weil der theologische Anspruch so selten transparent wird. So geht bei den vielen Riten im Umfeld des Kommunionempfangs eine Handlung fast überall unter: das Brechen des Brotes. Nicht nur in früheren Zeiten, als nur sehr wenige in der Messe an der Kommunion teilnahmen, auch heute ist die Symbolik des Brotbrechens kaum ausgeprägt. Vielmehr sind die Bruchstücke des einen Brotes in Form von Einzelhostien längst vorbereitet. Warum aber ist das Brotbrechen keine Marginalie, auf die man – der Einfachheit halber und um der Praktikabilität willen – leicht verzichten darf?

Zunächst ist es wichtig, die Grundgestalt der Eucharistie in Erinnerung zu rufen. Eucharistie ist zunächst gar nichts anderes als ein stilisiertes, ritualisiertes Mahl mit Brot und Wein. Im Hochgebet wird über diese Gaben der Tischsegen gesprochen, damit sie – nach dem Auftrag Jesu und unter Anrufung des Heiligen Geistes – zu Leib und Blut Christi werden. Ziel ist die Kommunion, das heißt die gemeinsame Teilhabe an Leib und Blut Christi in Form einer egalitären Tischgemeinschaft. Deshalb muss zuvor, wie bei jeder jüdischen Mahlzeit und wie bei Jesu letztem (Abend-)Mahl (vgl. 1 Kor 11,24 u. ö.), das Brot gebrochen werden. Im Brotbrechen weiß sich die christliche Gemeinde also mit der jüdischen Herkunft Jesu verbunden. Und zugleich verbinden sich damit zwei gleichermaßen wichtige Bedeutungen: neben dem bekannten Motiv der Passion Christi vor allem das ekklesiologische Motiv der Einheit. Maßgeblich dafür ist ein Gedanke bei Paulus: „Ist das Brot, das wir brechen, nicht Teilhabe am Leib Christi? Ein Brot ist es. Darum sind wir viele ein Leib; denn wir alle haben teil an dem einen Brot“ (1 Kor 10,16f).

So kann es nicht verwundern, dass lange vor dem Aufkommen des Begriffs „missa“ (Messe) der Ausdruck „fractio panis“ (Brotbrechung) sinnstiftend für die Feier des Herrenmahls war. Denn grundlegend für die frühe Kirche war die Mahnung zur Einheit untereinander und mit Christus. Aus dieser doppelten Bedeutung von *communio* erwächst jener Frieden, den die Welt nicht geben kann (vgl. Joh 14,27). So kann die eine Kirche Christi entstehen, sinnenfällig dargestellt in der Versammlung der Vielen an dem einen Tisch des Herrn und der Teilhabe an dem einen gebrochenen Brot – und auch dem einen Wein! Übrigens wusste das auch noch Franziskus. Während zu seinen Lebzeiten die Eucharistie längst nicht mehr als Gemeinschaftshandlung gefeiert wurde und an die Stelle der Kommunion die Schau und Aussetzung des Allerheiligsten getreten ist, hielt er am Zeichen der Brotbrechung und des Austeilens der Eucharistie fest – denn Gott ist es, der sich im Zeichen des gebrochenen Brotes selbst verschenkt.

Dass es sich bei der Brotbrechung zugleich um einen uralten Opfergestus handelt und daher eine Nähe zur Opfersymbolik des Kreuzestodes Christi zu sehen ist, liegt fast zwangsläufig auf der Hand. Der „Leib für euch" (1 Kor 11,24) ist der am Kreuz gebrochene Leib Christi. Wie so oft bei der Deutung der Messe geht es folglich nicht um ein „Entweder-oder", sondern um ein „Sowohl-als-auch". Der Akt des Brotbrechens verdeutlicht sowohl die Mahlgestalt als auch den Opfercharakter der Eucharistie. So bleibt es für die Praxis mehr als wünschenswert, dass man sich für das Brechen des Brotes die Zeit nimmt, die dazu benötigt wird. Und wenn es einmal länger dauern sollte, dann wiederholt die Gemeinde oder der Chor das *Agnus Dei* einige weitere Male.

Und wie vollzieht sich dann der Akt der Kommunion? Entscheidend ist, dass hier Christus der Bedürftigkeit von Mensch und Welt begegnen will. Doch kommt dies in der Performance der Eucharistiefeier angemessen zum Ausdruck? Die Art und Weise, wie wir in der Messe an der Kommunion teilnehmen, ist sehr individualisiert. Wir reihen uns zwar in eine Prozession mit anderen Menschen ein und schreiten unter den Klängen etwa der Orgel nach vorne, doch irgendwie ist jeder ganz bei sich, was man in der Musik vielleicht mit einer solistischen Rolle vergleichen könnte. Auch der Prozessionscharakter, das gemeinsame, bewusste Schreiten wird selten als ein geistliches Geschehen wahrgenommen. Am Altarraum angekommen, zeigt der Priester oder Diakon, die Kommunionhelferin oder der Kommunionhelfer jedem persönlich die Hostie und spricht: „Der Leib Christi“. Es folgt die Antwort, wenn überhaupt, leise und kaum vernehmlich: „Amen“. Sogleich ist die oder der Nächste an der Reihe. Der Kelch wird selten gereicht. Man geht zurück auf den Platz, nun noch weniger koordiniert und „im Takt“, jeder und jede bestimmt das Tempo. In der Bank ist man dann wieder ganz bei sich: *Ich und mein Gott.*

Nur ist die Feier der Eucharistie alles andere als ein individualistisches Geschehen. Es geht um etwas Gemeinsames, fast wie, wenn in der Musik ein Ensemble gemeinsam spielt oder singt. Der Grundvorgang der Eucharistie ist gemeinsames Essen und gemeinsames Trinken; erst danach oder besser *daraus* folgt die persönliche Besinnung, das Gespräch mit Christus, das Dankgebet. In einigen Gemeinden kommt seit geraumer Zeit das gemeinsame Essen und Trinken zumindest ansatzweise durch eine gruppenweise Ausspendung der Kommunion zum Ausdruck – gleichwohl selten das Spendewort gemeinsam für die kleine Kommuniongruppe zugesagt und Brot und Wein gemeinsam kommuniziert werden. Ein Votum nach dem Kommunionempfang, wie es in evangelischen Kirchen üblich ist, sieht das Messbuch nicht vor.

Die Gabe der Eucharistie wäre vollkommen missverstanden, wollte man sie nur auf die intime Begegnung des einzelnen Gläubigen mit Christus engführen. Vielmehr will sie, als Zeichengeschehen des neuen Bundes, die bestehenden Standesunterschiede in der Welt überwinden und schon jetzt jene neue egalitäre Gemeinschaft (*communio*) darstellen, die wir bei Gott hoffnungsvoll erwarten. Deshalb ist sowohl das Essen von dem einen gebrochenen Brot als auch das Trinken aus dem einen Kelch nicht etwa ein Privileg des Priesters und einiger Auserwählter. Die Eucharistie als Zeichen des neuen Bundes wird gerade im gemeinsamen Trinken vom Blute Christi deutlich, das als Symbol der Vergebung der Sünden die innige Beziehung Gottes zu seinem Volk ausdrücken und zur christlichen Lebenspraxis befähigen will. Daher gehört zur unverdienten Gabe auch die respondierende Aufgabe des Menschen, sich der empfangenen Eucharistie würdig zu erweisen: durch ein neues Leben und Handeln im Einklang von Gottes- und Nächstenliebe.

Der Grazer Liturgiewissenschaftler Peter Ebenbauer (*1966) hat auf die Frage nach der Lebensrelevanz der Eucharistie angesichts der Bedürftigkeit von Menschen und Welt einmal geschrieben:

> „Die Heilsdynamik der Opferbewegung Jesu Christi funktioniert gerade nicht nach der Logik: Darbringung von Opfer(gabe)n zum Ausgleich von Schuld, Unvollkommenheit oder Defiziten, auch nicht nach der Logik: kultische Aussonderung einer Gabe, um sie als Bild und Mahnmal des Mysteriums zu idolisieren. Die Heilsdynamik des Opfers Christi ist vielmehr kenotisch/diakonisch verfasst und heißt: entschiedenes Verfügbarmachen von Lebenspotenzen zu ihrer gottgemäßen Entfaltung. Für das eucharistische Opfer bedeutet dies: Aussonderung von Opfergaben, um an ihnen und durch sie die erlösende Frucht von Gottes Lebensmacht in menschlicher Bedürftigkeit zu erfahren. Dieses Aussondern oder Verfügbarmachen bedeutet dann aber konsequenterweise Teilen und gemeinsames Verkosten göttlicher Lebens-Nahrung hier und heute.“[14]

Es würde der Kirche nicht nur etwas, sondern letztlich alles fehlen, wenn in Zukunft kaum noch oder gar nicht mehr Eucharistie als die göttliche Lebensnahrung gefeiert werden kann – und zwar in einer expressiven, ausdrucksstarken Feierkultur, die jener befreienden und erlösenden Lebensbewegung zwischen Gott und Mensch einen sinnenhaften Klang-Raum gibt, in dem das Andenken Jesu Christi und die Lebenswelt der Menschen mal harmonisch, mal dissonant, immer aber als gott-menschliches Ensemble zusammenklingen.

Unsere Hoffnung: Warum Christen Optimisten sind

Manchmal braucht es einen frischen Blick von außen, um neu wahrzunehmen, wo die Probleme und die Stärken des christlichen Glaubens liegen. In seinem Buch „Ungläubiges Staunen" hat der preisgekrönte Schriftsteller Navid Kermani (*1967) vor ein paar Jahren seine teilweise provokative Sicht auf das Christentum vorgelegt. Dabei nähert er sich als Muslim dieser ihm fremden Religion nicht über die Bibel oder theologische Texte an. Seine Bewunderung wie auch sein Erstaunen über das Christliche erwächst aus der Betrachtung von Bildern und Kunstwerken. Besonders aufschlussreich sind seine wachen Beobachtungen über Szenen im Gottesdienst. So beginnt das Kapitel „Gebet" mit folgender Beschreibung:

> „Als Kind dachte ich, Christen, alle Christen, beten mit gefalteten Händen und gesenkten Köpfen, und ich hatte immer Schwierigkeiten damit. Ein – ich kann

nicht sagen entscheidender, ja physisch evidenter Vorzug des Islams schien mir deshalb die Körperhaltung des Beters zu sein: aufrecht, die Brust geweitet, die Unterarme schräg ausgebreitet, die offenen Handflächen zum Himmel, der Blick nach vorn. Nur wer steht, kann sich niederwerfen."[15]

Kermani erzählt aus Kindheitstagen, in denen er abwechselnd die christliche und die muslimische Gebetspraxis ausprobierte und zu dem Entschluss kam: Beten in gebückter Haltung, mit gesenktem Kopf und nach innen gefalteten Händen ist nicht nur körperlich ungesund und bereitet auf die Dauer Rückenschmerzen; das Sich-klein-Machen im Gebet entspricht auch nicht dem Wesen des Gebets. „Demut setzt Würde voraus", schreibt er ein wenig später und meint damit: Für das Gebet braucht es eine Haltung der Aufmerksamkeit. Der betende Mensch muss sich ganz und gar, mit Körper und Geist, Herz und Verstand, dem Augenblick öffnen, um wach und bereit dafür zu sein, was jetzt an ihm geschieht.

Eine solche Haltung vermisst er offensichtlich bei christlichen Beterinnen und Betern, denn nach seinem Verständnis verwechseln sie das Gebet mit der Bitte. Gewiss, auch das Bitten, das flehentliche Rufen zu Gott in den persönlichen und allgemeinen Anliegen, gehört zum Wesen des Gebets – aber es beschränkt sich nicht darauf. Im Arabischen und Persischen heißt das persönliche, nicht rituelle Gebet *duâ*, was so viel bedeutet wie *Ruf*. Damit verbunden ist eine Geste des Aufmerkens, der Wachheit für all das, was um den Betenden herum geschieht, was von außen auf ihn zukommt. In dem *Bildnis eines betenden jungen Mannes* von Hans Memling (um 1435–1494) entdeckt

Kermani – seine Vorurteile über die christliche Gebetshaltung widerlegend – den Prototypen eines solchen Beters, der, statt selbst viele Worte zu verlieren, sich vielmehr auf jene Worte ausrichtet, die die Welt – und so auch Gott – an ihn richtet. Der junge Mann strahlt eine Ruhe und Gelassenheit aus. In aufrechter Haltung und mit aneinandergelegten Händen richtet er sich zu Gott aus, er stellt sich ihm ganz zur Verfügung. Für Kermani ist dieser betende Mann der Aufnehmende schlechthin. „Nicht er spricht zu Gott, sondern die Welt spricht zu ihm oder Gott.“[16]

Kermanis Worte hätten auch von Franz von Assisi stammen können. Bei ihm ist es gewiss ein anderes Bild, dass ihm die Augen geöffnet hat: die Ikone des San-Damiano-Kreuzes (vgl. GebKr, FQ 13). Der Gekreuzigte neigt in dieser besonderen Kreuzesdarstellung, die zwischen romanischem Pantokrator und gotischem Schmerzensmann changiert, nicht den Kopf nach unten, seine gesamte Körperhaltung ist aufrecht und stark. Sein Blick ist freundlich und gut, nicht fordernd oder resigniert. Trotz der Passion, trotz des Unrechts, das ihm widerfahren ist, stellt er das Leiden nicht zur Schau. Seine Augen haben das Dunkel, den Tod, gesehen und strahlen. Im goldenen Glanz des Kreuzes spiegelt sich die Auferstehung wider, gleichwohl mit dem schwarzen Querbalken das Dunkel immer noch präsent bleibt. Wer auf diesen Gekreuzigt-Auferstandenen schaut, darf sich eines gewiss sein: Ich darf und ich werde leben.

Hier zeigt sich der grundlegend optimistische und lebensbejahende Habitus eines Christenmenschen. Die gebückte Haltung zum Gebet widerspricht dem aufrechtstehenden Christus, der jeden Einzelnen auf Augenhöhe begegnen und ihm seinen Frieden zusprechen will. Ein gesenkter Kopf widerspricht einem wachen Geist, der sich mit all dem nicht abfindet, was den Menschen niederdrückt, entrechtet, missbraucht, traurig und depressiv stimmt. Christinnen und Christen dürfen dagegen in dem Bewusstsein leben, dass alles immer auch anders sein kann, als es auf den ersten Blick erscheint, dass Veränderung, Transformation, Wandlung möglich ist. Eben weil sie daran festhalten, dass am Ende Christus das letzte Wort haben wird. Nur bei Gott wohnt die Wahrheit. An das Gottesgericht zu glauben, stimmt optimistisch. Denn bei Gott ist nichts vergebens. Gott sucht immer den Menschen, auch in dunklen Zeiten und in den Krisen der Welt. Es ist die frohe Botschaft des christlichen Glaubens, sich von Gott finden zu lassen.

4. Franziskanische Perspektiven – Gott in die Welt holen

Im Laufe dieser Überlegungen sind immer mal wieder einzelne Gedanken aus franziskanischer Tradition eingeflossen – etwa die Hinwendung des Franziskus zu den Tieren und zu allen Geschöpfen, die er als Zeichen dafür segnet, dass Gott mit seinem Segen nicht spart oder ihn nur bestimmten Eliten vorbehält. Nicht allein dem Menschen gilt Gottes gutes Wort. Auch die Tiere, die Pflanzen und der ganze Kosmos sind gepriesen, weil sie das Geheimnis Gottes offenbaren und je auf eigene Weise zeigen, wer dieser verborgen-nahe Gott ist. Dass also immer schon alles von Gott gesegnet ist, markiert Franziskus etwa mit dem Tau-Zeichen, das er überall draufmalt oder reinschnitzt. Ihm ist keine intellektualistische Sicht auf den Glauben eigen, ganz im Gegenteil. In heutiger Sprache ausgedrückt, geht es ihm immer um Erfahrung, ja um die sinnliche, greifbare, emotional spürbare Erfahrung Gottes. Auf welche Weise Franziskus Gott „in die Welt holt", soll abschließend exemplarisch an der einzigartigen Wald-Weihnacht von 1223 beschrieben werden.

Die Wald-Weihnacht von Greccio

Drei Jahre vor seinem Tod wollte Franz von Assisi im Wald bei Greccio, einem Dorf im Nordosten von Lazio, in der Nähe einer Einsiedelei im Rieti-Tal, mit Menschen und

Tieren Weihnachten feiern. Von Thomas von Celano (um 1190–1260) stammt die bedeutende Lebensbeschreibung des Heiligen. In der Vita prima S. Francisci schildert er die berühmt gewordene Krippenfeier in der Nacht zum 25. Dezember 1223. Darin heißt es:

„Es nahte aber der Tag der Freude, die Zeit des Jubels kam heran. Aus mehreren Niederlassungen wurden die Brüder gerufen. Männer und Frauen jener Gegend bereiteten, so gut sie konnten, freudigen Herzens Kerzen und Fackeln, um damit jene Nacht zu erleuchten, die mit funkelndem Stern alle Tage und Jahre erhellt hat. Endlich kam der Heilige Gottes, fand alles vorbereitet, sah es und freute sich. Nun wird eine Krippe zurechtgemacht, Heu herbeigeholt, Ochse und Esel herzugeführt. Zu Ehren kommt da die Einfalt, die Armut wird erhöht, die Demut gepriesen, und aus Greccio wird gleichsam ein neues Bethlehem. Hell wie der Tag wird die Nacht, und Menschen und Tieren wird sie wonnesam. Die Leute eilen herbei und werden bei dem neuen Geheimnis mit neuer Freude erfüllt. Der Wald erschallt von den Stimmen, und die Felsen hallen wider von dem Jubel. Die Brüder singen und bringen dem Herrn das schuldige Lob dar, und die ganze Nacht jauchzt auf in hellem Jubel. Der Heilige Gottes steht an der Krippe, er seufzt voll tiefen Wehs, von heiliger Andacht durchschauert und von wunderbarer Freude überströmt. Über der Krippe wird ein Hochamt gefeiert, und ungeahnte Tröstung darf der Priester verspüren.

Da legt der Heilige Gottes die Levitengewänder an – denn er war Diakon – und singt mit wohlklingender Stimme das heilige Evangelium. Und zwar lädt seine Stimme, seine starke Stimme, seine sanfte Stimme, seine klare Stimme, seine wohlklingende Stimme alle zum höchsten Preisen ein. Dann predigt er dem umstehenden Volk von der Geburt des armen Königs und bricht in lieblichen Lobpreis über die kleine Stadt Bethlehem aus. Oft wenn er Christus ‚Jesus' nennen wollte, nannte er ihn, von übergroßer Liebe erglühend, nur ‚das Kind von Bethlehem', und wenn er ‚Bethlehem' aussprach, klang es wie von einem blökenden Lämmlein. Mehr noch als vom Worte floss sein Mund über von süßer Liebe. Wenn er das ‚Kind von Bethlehem' oder ‚Jesus' nannte, dann leckte er gleichsam mit der Zunge seine Lippen, indem er mit seinem glückseligen Gaumen die Süßigkeit dieses Namens verkostete und schlürfte. Es vervielfachten sich die Gaben des Allmächtigen, und ein frommer Mann hatte ein wunderbares Gesicht. Er sah nämlich in der Krippe ein lebloses Knäblein liegen, zu diesem sah er den Heiligen Gottes herzutreten und das Kind wie aus tiefem Schlaf erwecken. Gar nicht unzutreffend ist dieses Gesicht; denn der Jesusknabe war in vieler Herzen vergessen. Da wurde er in ihnen mit seiner Gnade durch seinen heiligen Diener Franziskus wiedererweckt und zu eifrigem Gedenken eingeprägt. Endlich beschließt man die nächtliche Feier, und ein jeder kehrt in seliger Freude nach Hause zurück" (1 C 85–86, FQ 250f).

Dem Bericht zufolge soll Franziskus einen ortsansässigen Mann namens Johannes mit der Vorbereitung und Durchführung der Krippenfeier beauftragt haben. In Form eines Gesprächs werden die Motive erkennbar, die ihn im schwierigen Jahr der Annahme seiner Regel 1223 durch Papst Honorius III. (1216–1227) zu dieser einzigartigen Weihnachtsfeier veranlasst haben. Von einer wiederholten Feier in den folgenden Jahren bis zu seinem Tod ist in den Quellen nicht die Rede.

Thomas von Celano nennt in seiner Beschreibung eine ganze Reihe visueller und realitätsnaher Elemente: der mitternächtliche Zeitansatz, die Verortung in der Natur, das Aufstellen einer Krippe mit Heu, ein lebendiger Ochse und Esel, Kerzen und Fackeln, eine Lichterprozession, das Singen von Liedern und Jubelgesängen, die Kantillation des Evangeliums, eine szenische Predigt. Alle Requisiten dienen ganz offensichtlich der sinnlichen Veranschaulichung und dem ganzheitlichen Nachempfinden der Geburt zu Bethlehem, so wie sie Lukas, Matthäus und die frühchristlichen Autoren erzählen. Auch wenn offensichtlich vor allem die lukanische Weihnachtsgeschichte mit der Krippe und dem Lobgesang der Engel für die Krippenfeier von Greccio Pate stand, finden sich Anleihen an Matthäus (zum Beispiel die Kerzen und Fackeln der Menschen als Zeichen für den Stern von Bethlehem) und die apokryphen Evangelien mit den Tieren von Ochse und Esel (zurückgehend auf Jes 1,3: „Der Ochse kennt seinen Besitzer und der Esel die Krippe seines Herrn …“)

Zielpunkt der Feier ist nicht die Gemeinde als kollektive Größe, sondern der Einzelne, sein Empfinden und seine Beziehung zu Jesus, dem „Menschen-Kind“. Bewusst werden die Gefühle und Sinne des Volkes angesprochen und in das mystische Geschehen hineingenommen, mehrfach taucht dazu der Begriff „Freude“ auf.

Um diese ästhetische Erfahrung zu erreichen, greift Franziskus auf bekannte liturgische Riten und biblische bzw. frühchristliche Motive zurück, etwa die Lichtsymbolik, die Krippe, die Tiere Ochse und Esel. Auch appelliert er an die Tugenden von Einfalt und Armut, die zum Synonym der Franziskusbewegung geworden sind. Vor allem rezipiert er den schon bestehenden Brauch der szenischen Mysterien-, Hirten- und Krippenspiele und ihre sinnliche Dramaturgie. Dabei wird ein neuer Zugang zum Verständnis der Menschwerdung Gottes erkennbar. Der Theologe Georg Kretschmar (1925–2009) kommentiert:

> „Der Akzent liegt nicht auf der Geschichte des Eingreifens Gottes in die Welt in der Person seines Sohnes, sondern auf der Geschichte des Menschen Jesus von Nazareth; gerade weil er Gottes Sohn ist, wird sein reales Leben Verheißung und Vorbild."[17]

Mit Greccio dreht sich die Perspektive um, unter der jahrhundertelang Weihnachten im Stile der spätantik-römischen Liturgie gefeiert wurde. Der Blick richtet sich nicht auf die Fleischwerdung des göttlichen Logos, sondern auf die Wirklichkeit der menschlichen Natur Christi. Jesus wird nicht primär als mächtiger Herrscher und Friedensfürst, sondern als Sohn Gottes an der Seite des Menschen verehrt, als ein Kind, das „wie du und ich" geboren wurde, aber leidvoll am Kreuz sterben musste.

Als Pendant zur Szenerie von Greccio gehören daher die Kreuzesdarstellungen der Gotik, die nicht mehr den erhöhten, sondern den leidenden Jesus zeigen. Und ebenso erscheint Maria in jener Zeit nicht nur als jungfräuliche Gottesgebärerin, sondern als die menschliche Mutter Jesu, die mit ihrem Sohn zusammen den Leidensweg geht, wie es die zeitgenössisch aufkommenden Kreuzwegdarstellungen den Betrachtenden eindrücklich vor Auge führen.

Ganz offensichtlich zeigt sich hier jene neuartige Frömmigkeitshaltung, die sich im 13. Jahrhundert an vielen Orten und in vielen Formen ausgebreitet hat. Sie äußert sich in einem Verlangen nach einer möglichst realistischen, sinnlich greifbaren und gefühlsbetonten Annäherung an das Geheimnis der Menschwerdung Gottes und einer ganz persönlichen, intimen Begegnung mit dem Gottessohn Jesus in der Gestalt eines Kindes in der Krippe. Weitere Figuren wie auch das Motiv der Heiligen Familie scheinen in Greccio noch zu fehlen. Wenn aber seine menschliche, geschichtliche Geburt so stark betont wird, wird auch der Wert der Familie als Ort der Geborgenheit und Liebe inmitten der erlebten Armut angedeutet.

Franziskus feiert schließlich zusammen mit dem Volk „über der Krippe" – wie es Thomas von Celano berichtet – die Eucharistie, das Gedächtnis von Leben und Leiden, Tod und Auferstehung Jesu Christi. Ob dazu eine Art Tragaltar über der Krippe aufgestellt wurde, ist zwar nicht explizit überliefert, aber denkbar. Mit dieser speziellen Feier der Eucharistie übersteigt die stimmungsvolle Krippenszenerie das Moment der darstellenden Vergangenheitserinnerung an die Geburt Jesu, wenn sich die Blicke der Anwesenden von der Krippe über den Altar auf die Sichtbarkeit des auferstandenen Gekreuzigten in den Gestalten von Brot und Wein ausrichten.

Die sinnlichen und realistischen Elemente der Krippenfeier des heiligen Franziskus, vor allem der Konnex von Krippe und Altar, dienen zur dramatischen Intensivierung des zentralen Christusgedächtnisses, das die Ebene einer nüchternen, intellektuellen Weise der Gottesbegegnung übersteigt. Dabei fügt sich die Krippenszenerie gut in die überlieferte Form der Eucharistiefeier ein, zugleich sprengt sie aber auch die Gesetzmäßigkeiten der Liturgie. Franziskus will mit einem gemüthaft-sinnlichen Glaubensbekenntnis weniger die Geburt Jesu historisierend nachspielen als mit vielfältigen, sinnenfälligen Zeichen die sakramentale Begegnung mit dem gegenwärtigen Christus der/dem einzelnen Gläubigen nahebringen und zu einer ganz persönlichen Erfahrung werden lassen. So ist auch nicht eine leblose Krippenfigur „Hauptdarsteller" der nächtlichen Feier, sondern jener einzigartige „Krippen-Altar", auf dem sich die Verwandlung der Gaben zur Verwandlung der Gläubigen in der eucharistischen Begegnung mit dem auferstanden Gekreuzigten ereignen will. Die Krippenfeier des heiligen Franziskus zeichnet damit eine Linie von Weihnachten zur Eucharistie in dem Glauben an die fortwährende, ortsungebundene Gegenwart des Herrn inmitten des Lebens der Menschen und aller Geschöpfe in dieser Welt.

Der Segen für Mensch, Tier und die ganze materielle Welt

Die einzigartige Wald-Weihnacht von Greccio offenbart exemplarisch einen wesentlichen Charakterzug franziskanischer Spiritualität: Gott lässt sich immer und überall finden, wo die Menschen aufeinanderzugehen und das Schicksal miteinander teilen. Gott war sich selbst nicht zu groß, um in Niedrigkeit und Armut seinen Geschöpfen nahe zu sein. Die schlichten Zeichen einer Futterkrippe mit Heu, über der ein Altar errichtet wird, und die natürliche Atmosphäre eines Stalls oder einer Höhle mit Ochse und Esel entfalten eine Deutekraft für die Menschen, die bis heute nachwirkt – auch wenn diese Zeichen der Demut Gottes immer wieder neu gelesen und verstanden werden müssen.

Gott lässt sich nicht nur im Schönen, im Guten und im Wahren finden. Sein unbedingtes Ja zum Menschen reicht in die lichten wie auch in die dunklen Seiten des Lebens hinein. Gottes Suche gilt dem ganzen Menschen, in seiner ganzen Existenz, mit allem, was ihn auszeichnet und was ihm fehlt. Am Anfang von allem steht nicht die Leistung des Menschen, noch nicht einmal der bewusste Akt der Umkehr oder das Eingeständnis, ein reuevoller Sünder zu sein. Am Anfang steht Gott, seine Suche nach dem Menschen in der konkreten Welt.

> „Gott sucht den Menschen, so wie er ist. Und der Mensch ist eingeladen, sich finden zu lassen. Das heißt auch, Gott zuzutrauen, trotz und angesichts aller Schatten und Schwierigkeiten den Einzelnen als geliebtes Du zu suchen."[18]

Gott handelt nicht an der Freiheit des Menschen vorbei – und ignoriert auch nicht die Krisen dieser Welt. Das ist nach Mirjam Schambeck sf (*1966) das Charakteristikum franziskanischen Gottverstehens. Gottes Liebe gilt allen Menschen und allen Geschöpfen. Deshalb ist jede Form der Ausbeutung, der Ressourcenverschwendung und der Egozentrik ein Verrat an Gottes Universalität und Totalität der Liebe. Neben der Weltbezogenheit und der tiefen Menschennähe ist die Egalisierung des Lebensstils ein wesentliches Kennzeichen franziskanischer Spiritualität. Hierarchische Strukturen passen nicht zum Grundsatz franziskanischer Freiheit. Diese Haltung hat auch Konsequenzen für die konkrete Praxis in allen Handlungsfeldern der Kirche, auch und nicht zuletzt für die Liturgie.

Und worin schöpfte Franziskus schließlich Hoffnung und Kraft in Zeiten der Krise und der Bedrängung? Indem er selbst die Erfahrung des nahen und des verborgenen Gottes machte! Sosehr er im Sonnengesang von seiner Hingabe an Gott und seine Schöpfung einen bis heute unnachahmlichen Ausdruck gab, schrieb er dieses Gedicht doch in einer dunklen Zeit seines Lebens, erschöpft, depressiv, fast blind und todkrank (vgl. Sonn, FQ 40f). Dass er ausgerechnet in einer solchen Lebensphase, in der ihm Gott verborgen erscheint, er ihn vermisst und sucht, für das Geschenk des Lebens dankbar bleibt, zeugt von seinem im wahrsten Sinne des Wortes geerdeten Gottesglauben. Schließlich findet er Gott nicht in der Theorie, sondern in der Praxis: bei den Armen, bei den von Krisen gezeichneten Menschen, inmitten der von Menschenhand gefährdeten Schöpfung.

Franz wusste durchaus von den todbringenden Gefahren der Natur. Für seine Umwelt waren wilde Tiere und ungebändigte Naturgewalten alles andere als harmlos. Es gleicht fast einem Skandal, Tiere, Pflanzen und Blumen, Sonne, Mond und Sterne, Wasser und Feuer als Brüder und Schwestern freundschaftlich anzusprechen, ja mit ihnen ein geschwisterliches Beziehungsverhältnis zu pflegen. Der Friede, den Franziskus unter den Menschen, Kulturen und Religionen sucht, gilt auch der ganzen Schöpfung. Und zwar weil sich in dieser Schöpfung Gott selbst finden lässt. Franziskus ist weder ein Naturromantiker noch ein Naturfrommer. Seine Ehrfurcht und Liebe zur Schöpfung gründen in dem Glauben, dass alles Gott eigen ist, ihm gehört – und nicht den Menschen. Die ganze Schöpfung ist – einschließlich des Menschen – Ausdruck der Liebe Gottes. Welches Verhältnis der Mensch zur Schöpfung einnimmt, offenbart unbewusst daher immer auch, in welchem Verhältnis er zu Gott lebt. Gottes Wort lässt sich somit auf zweierlei Weise finden: im Buch der Bibel und im Buch der Schöpfung. Im aufmerksamen Lesen beider Bücher zeigen sich die Spuren ein und desselben Gottes.

„Ubi caritas et amor, Deus ibi est“ – „Wo die Liebe und die Güte ist, da wohnt Gott.“ Diese Antiphon aus der Liturgie des Gründonnerstags (vgl. 1 Joh 4,16) stammt zwar nicht von Franziskus und doch fasst sie bestens franziskanische Gottsuche zusammen. Sie wird heute zur Gabenbereitung bei der Messe vom Letzten Abendmahl Jesu gesungen. Das Messbuch kennt für diesen Abend ausdrücklich den alten Brauch eines „Opfergangs für die Armen“ – ein unscheinbarer und doch so nachhaltiger Ritus, mit dem das Ineinander von Menschendienst und Gottesdienst, von Weltverantwortung und Lobpreis Gottes zum Ausdruck kommt. Die Zeichenhandlung zeugt von Solidarität und Hoffnung. Denn es ist nicht nur die materielle Gabe, die zum Altar gebracht wird. Es ist der Mensch selbst, der sich und sein Leben Gott übergibt. Und zu dieser je persönlichen Lebensgeschichte gehören auch die dunklen und schweren Seiten, die still und gelassen Gott anvertraut werden – im Vertrauen darauf: Bei Gott ist nichts vergebens.

Anmerkungen

1 Köcher, Renate, Umfassender und tiefgreifender gesellschaftlicher Wandel, in: Kopp, Stefan (Hg.), Kirche im Wandel. Ekklesiale Identität und Reform (= QD 306), Freiburg i. Br. 2020, 15–29, hier 15.

2 Klepper, Jochen, Unter dem Schatten deiner Flügel. Aus den Tagebüchern der Jahre 1932–1942, Stuttgart/München 1956, 524.

3 Striet, Magnus, Was ist „katholisch"? Ein Bestimmungsversuch im Horizont „der" Moderne, in: Heimbach-Steins, Marianne/Kruip, Gerhard/Wendel, Saskia (Hg.), „Kirche 2011. Ein notwendiger Aufbruch". Argumente zum Memorandum, Freiburg i. Br. 2011, 58–70, hier 58.

4 Striet, Magnus, Präsenzen des Heiligen. Religiös – und säkular, in: Marschall, Isabelle von (Hg.), Heilig! Kunstpreis der Erzdiözese Freiburg 2011, Freiburg i. Br. 2011, 15–19, hier 17.

5 Knop, Julia, Freiheit – Sorge – Vorsehung. Gottes Wille zwischen Himmel und Erde, in: IKaZ 45 (2016) 49–59, hier 56.

6 Bieritz, Karl-Heinrich, Perspektiven der Liturgiewissenschaft, in: Mildenberger, Irene/Ratzmann, Wolfgang, Liturgie mit offenen Türen. Gottesdienst auf der Schwelle zwischen Kirche und Gesellschaft (= Beiträge zu Liturgie und Spiritualität 13), Leipzig 2005, 9–30, hier 29f.

7 Guardini, Romano, Vom Geist der Liturgie, Freiburg i. Br. 1918. Unver. Nachdruck der 19. Aufl., Freiburg i. Br. 1957, Mainz/Paderborn 2007[21], 65.

8 Ebd., 62.

9 Gimmel, Jochen/Keiling, Tobias, Konzepte der Muße, Tübingen 2016, 2.

10 Ebd., 6f.

11 Jullien, François, Ressourcen des Christentums. Zugänglich auch ohne Glaubensbekenntnis, Gütersloh 2019, 23.

12 Odenthal, Andreas, Was ist praktisch-theologische Liturgiewissenschaft? Ein Entwurf in sieben Thesen, in: Wildt, Kim de/Kranemann, Benedikt/Odenthal, Andreas (Hg.), Zwischen-Raum.

Beiträge zu einer multiperspektivischen Liturgiewissenschaft (=PTHe 144), Stuttgart 2016, 280–297, hier 290.

13 Willer, Monika, Alleinstellungsmerkmal Kirchenraum. Plädoyer für eine Neuentdeckung der Raumerfahrung von Kirchengebäuden als niederschwellige spirituelle Einladung, in: Kopp, Stefan/Wahle, Stephan (Hg.), Nicht wie Außenstehende und stumme Zuschauer. Liturgie – Identität – Partizipation (= Kirchen in Zeiten der Veränderung 7), Freiburg i. Br. 2021, 263–270, hier 268.

14 Ebenbauer, Peter, Der Canon Romanus und die neuen Hochgebete, Problemanzeige und Perspektiven in spätmoderner Zeit, in: Wahle, Stephan/Hoping, Helmut/Haunerland, Winfried (Hg.), Römische Messe und Liturgie in der Moderne, Freiburg i. Br. 2013, 396–416, hier 414.

15 Kermani, Navid, Ungläubiges Staunen. Über das Christentum, München 2015[4], 194.

16 Ebd., 197.

17 Kretschmar, Georg, Perspektiven zur Inkarnation und zum Weihnachtsfest, in: Breit, Herbert/Nörenberg, Klaus-Dieter (Hg.), Festtage. Zur Praxis der christlichen Rede, München 1975, 9–33, hier 19.

18 Schambeck, Mirjam, Nach Gott fragen zwischen Dunkel und Licht (= Franziskanische Akzente 1), Würzburg 2014, 30.

Abkürzungsverzeichnis

Die Franziskus-Quellen (FQ) sind zitiert nach:

Berg, Dieter/ Lehmann, Leonhard (Hg.), Franziskus-Quellen. Die Schriften des heiligen Franziskus, Lebensbeschreibungen, Chroniken und Zeugnisse über ihn und seinen Orden, Kevelaer ^{2}2014.

Dabei gelten folgende Abkürzungen:

1 C	Thomas von Celano, 1. Lebensbeschreibung (Vita) des heiligen Franziskus
GebKr	Gebet vor dem Kreuz von San Damiano
Sonn	Sonnengesang
Vat	Meditation zum Vaterunser
LS	Papst Franziskus, Enzyklika *Laudato si'*, Rom 2015.
Messbuch	Die Feier der heiligen Messe, Freiburg i. Br. 1988^{2}.

Die Bibeltexte sind entnommen der Einheitsübersetzung der Heiligen Schrift, Katholische Bibelanstalt, vollständig überarbeitete Auflage, Stuttgart 2016.

Zum Weiterlesen

Assmann, Aleida, Das neue Unbehagen an der Erinnerungskultur. Eine Intervention, München 2020[3].

Halík, Tomáš, Der Nachmittag des Christentums. Eine Zeitansage, Freiburg i. Br. 2022[2].

Hoff, Gregor Maria/Knop, Julia/Kranemann, Benedikt (Hg.), Amt – Macht – Liturgie. Theologische Zwischenrufe für eine Kirche auf dem Synodalen Weg (= QD 308), Freiburg i. Br. 2020.

Jullien, François, Es gibt keine kulturelle Identität. Wir verteidigen die Ressourcen einer Kultur. Übersetzt aus dem Französischen von E. Landrichter, Berlin 2019[5].

Kopp, Stefan/Wahle, Stephan (Hg.), Nicht wie Außenstehende und stumme Zuschauer: Liturgie – Identität – Partizipation (=Kirche in Zeiten der Veränderung 7), Freiburg i. Br. 2021.

Loffeld, Jan, Wenn nichts fehlt, wo Gott fehlt. Das Christentum vor der religiösen Indifferenz, Freiburg i. Br. 2024.

Schambeck, Mirjam, Nach Gott fragen zwischen Dunkel und Licht (= Franziskanische Akzente 1), Würzburg 2014.

Schambeck, Mirjam/Verburg, Winfried (Hg.), Wie Religion für Krisen taugt. Zum Beitrag religiöser Bildung in Krisenzeiten, Göttingen 2023.

Schockenhoff, Eberhard, Friede auf Erden? Weihnachten als Provokation, Freiburg i. Br. 2019.

Wahle, Stephan, Die stillste Nacht. Das Fest der Geburt Jesu von den Anfängen bis heute, Freiburg i. Br. 2018.

In der Reihe „Franziskanische Akzente" sind bisher erschienen:

Bd. 1: Mirjam Schambeck, Nach Gott fragen zwischen Dunkel und Licht

Bd. 2: Helmut Schlegel, Die heilende Kraft menschlicher Spannungen

Bd. 3: Katharina Kluitmann, Wachsen – über mich hinaus

Bd. 4: Cornelius Bohl, Auf den Geschmack des Lebens kommen

Bd. 5: Martina Kreidler-Kos, Lebensmutig. Klara von Assisi und ihre Gefährtinnen

Bd. 6: Nikolaus Kuster, Franz von Assisi – Freiheit und Geschwisterlichkeit in der Kirche

Bd. 7: Herman Schalück, Prophetisch glauben. Aufbrüche in franziskanischer Spiritualität

Bd. 8: Stefan Federbusch, Nachhaltig wirtschaften – gerecht teilen

Bd. 9: Thomas Dienberg, Leiten – Von der Kunst des Dienens

Bd. 10: Anton Rotzetter, Alles auf den Kopf stellen – neue Wurzeln schlagen. Mit Franz von Assisi Schöpfung gestalten

Bd. 11: Helmut Schlegel, Glaubensgeschichten sind Weggeschichten. Die Emmauserzählung als Modell christlicher Existenz

Bd. 12: Nicole Grochowina, Franziskus und Luther. Freunde über die Zeiten

Bd. 13: Jürgen Neitzert, Muslime und Christen. Ein franziskanischer Blick auf den Islam

Bd. 14: Paulin Link, Der Sehnsucht Raum geben. Die Kunst der franziskanischen Wegbegleitung

Bd. 15: Mirjam Schambeck, Unbehauste Heimat. Von der Sehnsucht anzukommen

Bd. 16: Hermann Schalück, Den Gottesfaden erkennen. Die Ernte meines Lebens

Bd. 17: Sabine Pemsel-Maier, Genderperspektiven – neue Blicke auf Klara von Assisi

Bd. 18: Leonhard Lehmann, Vom Beten zur Kontemplation. Hinführung zur franziskanischen Praxis des Verweilens vor Gott

Bd. 19: Udo F. Schmälzle, Wissen, Bildung und Schule neu denken. Zugänge zu einem franziskanischen Bildungskonzept

Bd. 20: Wilhelm Bruners, Gottes hauchdünnes Schweigen. Auf seine Stimme hören

Bd. 21: Burkhard Hose, Es reicht. Auf dem Weg zu einer neuen Kultur des Teilens

Bd. 22: Niklaus Kuster, Spiegel des Lichts. Franz von Assisi – Prophet der Weltreligionen

Bd. 23: Jan Frerichs, Nach der Erleuchtung: Boden wischen. Ein franziskanisches Alltagsprogramm

Bd. 24: Margit Eckholt, Frauen in der Kirche. Zwischen Entmächtigung und Ermächtigung

Bd. 25: Mirjam Schambeck/Elisabeth Wöhrle, Im Innern barfuß. Auf der Suche nach alltagstauglichem Beten

Bd. 26: Heribert Arens/Martino Machowiak, Lebendig alt sein

Bd. 27: Stephan Knobloch, Das Hiersein übertreffen. Der verborgene Gott in der modernen Literatur

Bd. 28: Georg Lauscher, Lebenskrisen und ihre Botschaften. Von Anfängen und Übergängen

Bd. 29: Stephan Sahm, In Würde sterben. Medizinische Ethik zur Sterbebegleitung

Bd. 30: Katrin Bederna, Alles wird gut? Franziskanische Inspirationen zur Klimakrise

Bd. 31: Cornelius Bohl, Vom Geschenk der Dankbarkeit

Bd. 32: Helmut Schlegel, Rückkehr ins Paradies. Vom Glück eines versöhnten Lebens

Bd. 33: Thomas Dienberg, Mit dem Pilgerstab durchs Leben

Bd. 34: Stefan Federbusch, Von der Zärtlichkeit Gottes. Eine Theologie der Berührung

Bd. 35: Ruth Näf Bernhard, Halte uns im Leben wach. Gedichte und Gebete

Bd. 36: Norbert Lammers/Stefan Diefenbach, Queer in Church. Wie ich mir eine divers-bejahende Kirche wünsche

Bd. 37: Johannes B. Freyer, Money, money, money. Eine franziskanische Ökonomie der fruchtbaren Genügsamkeit

Bd. 38: Hans Mendl, Franz von Assisi für junge Leute. Näher – tiefer – weiter

Bd. 39: Cornelius Bohl, Ohne Ort kein Glück? Spiritualität und Raum

Bd. 40: Christof Breitsameter, Liebe, und tu, was du willst. Thesen zur kirchlichen Sexualmoral

DAS BESTE VON BARCELONA IN 6 ROUTEN

HAPPY TIME GUIDE IN BARCELONA

Raus aus dem Hotel und schon geht's los zu den schönsten Vierteln der Stadt. Ganz nebenbei entdeckst du unterwegs neue Restaurants, den besten Kaffee und das vor Ort gebraute Bier. Im **happy time guide** geben vor Ort lebende Autoren aus Liebe zu ihrer Stadt ausschließlich die echten Highlights weiter. Auf diese Weise ersparst du dir die übervollen Allerwelts-Einkaufsstraßen und spazierst, während du unterwegs noch die eine oder andere Sehenswürdigkeit mitnimmst, zu den nettesten Adressen der Stadt, die auch von den Locals besonders gerne besucht werden. Genieße jede Sekunde und mach das Beste aus deinem Städtetrip.

AUF NACH BARCELONA!

Wenn du nach Barcelona reist, willst du dir natürlich Gaudís Bauwerke ansehen und Kunst im Picassomusem oder dem MACBA bewundern. Aber auch authentische Tapas essen und dort shoppen, wo auch die Locals hingehen, durch die alten Gassen der mittelalterlichen Innenstadt schlendern und dich am Strand vom Wind so richtig durchpusten lassen. Außerdem solltest du keinesfalls die bunten Markthallen auslassen, wo die Einheimischen ihre Einkäufe erledigen. Und nach Sonnenuntergang ist es an der Zeit, bis in die frühen Morgenstunden das Nachtleben zu genießen.

Mit **happy time guide** erlebst du wunderbare Spaziergänge und den hiesigen Lifestyle und entdeckst die Stadt in deinem eigenen Tempo. Ohne, dass du dich großartig dafür vorbereiten musst. Unsere Routen führen dich vorbei an den beliebtesten Restaurants, Cafés, Shops und Sehenswürdigkeiten: vorbei an den Orten unserer Stadt, wo wir selbst gerne hingehen, um eine gute Zeit zu haben. Vielleicht treffen wir uns ja?

Keine der beschriebenen Adressen hat für die Vermittlung bezahlt, weder für den Text noch für die Fotos. Sämtliche Texte wurden von einer unabhängigen Redaktion verfasst.